小笠原流礼法入門

# 日本人のこころとかたち

小笠原敬承斎

淡交社

# 日本人のこころとかたち

小笠原流礼法入門

日本人のこころとかたち　目次

## 序章　礼儀作法とは？



## 第一章　動作の基礎

## 第二章　個人同士での作法



## 第三章　ビジネス社会の作法

第四章　家庭で育む思いやりのこころ



第五章　日常生活で知っておきたい作法

第六章　年中行事と日本の文化

ブックデザイン　縄田智子　L'espace
イラスト　黒川輝代子

序章

# 礼儀作法とは？

## なぜ「礼儀作法は堅苦しいもの」と誤解されるのか

「礼儀作法とは何でしょうか?」と尋ねたら、一瞬のうちに明解な返答のできる人はどれだけいるのだろうか。

さらに「小笠原流礼法」と聞くと、堅苦しい印象さえないだろうか。

しかし、小笠原流礼法の教えには一辺倒《いっぺんとう》な堅苦しい教えなど存在しない。

たとえば「畳のへりを踏んではならない」という作法があるとされているようだが、実際には小笠原流礼法にこのような教えはないのである。

では、なぜこうしたことが言われるようになったのだろうか。そのことを考える前に、まず畳について触れてみたい。

平安時代の寝殿造《しんでんづく》りから鎌倉時代まで、畳は座具《ざぐ》や寝具として、必要な場所に持ち運んで置く置畳《おきだたみ》のかたちで使用されていたが、書院造《しょいんづく》りが完成する室町時代になって今日のように部屋中に敷き詰めて使用する敷畳《しきだたみ》、つまり座敷が完成する。といっても、この座敷が一般化するのは江戸時代も中期を過ぎてからで、当時は上層階級に限って用いられ、その身分や家柄によって、畳の縁《ふち》には繧繝縁《うんげんべり》、高麗縁《こうらいべり》、といった錦《にしき》や厚いものが用いられていたため、畳と畳のへりには少々段差があった。

こうした時代背景を前提にして、先ほどの「なぜ」を考えてみる。

当流の伝書《でんしょ》には、将軍・主君あるいは客に料理を膳にのせて持ち出す際に、

わが息のかからぬように持ちたるが宜《よろ》しきなり。


と定《さだ》められていた。これは、自分の息がかかって失礼にならないようにということから、大切な方へのお膳は高く捧げて運んだのだが、特に高位の方へのお膳は、自分の目の高さに捧げて運び、これを「目通《めどお》り」と呼んだ。

小笠原流礼法ではものを運ぶ際、「目通り」「肩通り」「乳《ち》通り」「帯通り」というような基準を設けているのだが、特にこの中で「目通り」の高さに持つと足もとが見えなくなってしまい、段差のある畳のへりは危険なものとなる。従って、膳を持っているがゆえに、へりにつまずく失礼のないようにという理《り》に適《かな》ったこころ遣いが、「畳のへりを踏んではならない」という、かたちばかりを強調する誤解を招く結果となったものと思われる。これについて伝書では、

飯《めし》、点心《てんしん》、肴《さかな》以下を目より上に持ちたる由候《よしそうら》えども、それも余りにことごとしく候。

また足本（元）も見えかね候。


と、あまりにぎょうぎょうしくなることを言及するとともに、足もととの危険性を指摘している。

こうした危険への用心のためにも、畳一畳《いちじょう》（縦）を四、五歩（男性は三歩半程度）で歩くことは、

自《おの》ずからへりを踏まずに済むという、大変合理的な足運びであり、こうした歩き方が日頃からしつけとして行われていたことは、ごく自然なことであったということがおわかりいただけるであろう。しかしこれとても、現代人のように平均身長が伸びると、改めねばならない点もある。礼法とは決して凝《こ》り固まったものでなく、合理的かつ美しい振る舞いなのである。

さらに、「畳結界《けっかい》説」がある。「結界」とは仏教用語で聖地と俗地を分ける物理的・精神的な仕切りを意味し、自分と相手との間にある各々の空間を尊重するしるしのことで、つまり畳のへりを「結界」と考え、これを踏むと、それまで保たれていた空間を崩してしまうとした。

このように畳のへりを一つの例としても、本来作法が生まれる前提には、実に合理的な理由が存在している。

今日、特に若い世代の人々が、日常生活の中で作法の根幹を自然なかたちで身につける機会が少ない。こうした環境下において、書物等によって自《みずか》らの意志で作法を知りたい、身につけ

たいと思う積極的な気持ちは大切なことである。

電車の中など公共の場において、膝をつけずに座ったり、誤った箸遣いをよしとしてしまうことに比べると、「美しく見られたい」「恥をかきたくない」という気持ちを抱く人のほうが、他者の存在をより意識していることになる。それだけでも「礼のこころ」に一歩近づいていると言えよう。しかし、自分をよく見せたいから、という自己を擁護するレベルに止まってしまうことは誠に残念である。

最初はこうしたことが礼儀作法を学ぶきっかけであるかもしれない。しかし、さらに一歩進んで、周囲へのこころ遣いからなる自然な振る舞いができるようになると、真の美しさが備わってくる。

「この場合は、このように振る舞わなければなりません」と、かたちばかりにとらわれた作法を押しつけるのもまた、礼のこころを逸脱していると言って過言でない。礼法にかたちのみを求めたり、提供する傾向は、現代のみならず、江戸時代にすでに見られた。それが後に礼法を堅苦しいものとイメージさせる大きな要因にもなってしまったのである。

そこで、なぜ「礼法が堅苦しいもの」という誤解を受けてしまったのかを改めて理解いただくために、礼法の沿革を基《もと》に小笠原流礼法の真髄《しんずい》に触れてみたい。

# 小笠原流礼法の歴史

清和源氏《せいわげんじ》の流れを汲《く》む小笠原氏は、鎌倉時代に源頼朝に仕えたといわれる長清《ながきよ》が初めてその姓を賜《たまわ》った。この頃すでに弓馬《きゅうば》にすぐれており弓馬術を司《つかさど》っている。

室町時代になると、小笠原流中興《ちゅうこう》の祖《そ》といわれる貞宗《さだむね》により礼式が加えられ、弓・馬・礼の三法を糾方《きゅうほう》（法）と呼び小笠原の伝統の基盤となったが、貞宗は、後醍醐天皇より「小笠原は日本武士の定式《じょうしき》たるべし」との御手判を賜った。さらに天皇より「王」の字を家紋に賜ったが、王の字をそのまま使用することに遠慮し、それを象徴する三階菱《さんがいびし》を家紋とした。

さらに長秀《ながひで》は、足利三代将軍義満の命により、今川・伊勢両氏とともに武士の一般教養を目指したといわれる『三議一統《さんぎいっとう》』の編纂《へんさん》に当たった。この武家礼法の古典とされる『三議一統』が、後世「小笠原と言えば礼法」という基盤を作ったと考えられる。

その後、長時《ながとき》・貞慶《さだよし》の時代に戦乱の中で脈々と伝えられ研究されたことの集大成である『小笠原礼書七冊《しちさつ》』は、貞慶から秀政《ひでまさ》に伝えられた。これは室町時代の武家礼式家としての小笠原氏が、『三議一統』以来加えられた今川・伊勢両家に伝わる故実《こじつ》を組み入れ、小笠原流礼法の整序に努め大成したもので、武家の質朴な礼の本義を示していると言える。

さらに江戸時代になると、小笠原流礼法が徳川幕府の公式礼法となり、将軍家以外にその真髄を明かすことが禁じられた。これを「お止《と》め流《りゅう》」と言い、一般に教授されることはなかった。

しかし、経済の実権が商人の手に渡り始めると、町人の側も実力がつくに従い、格式のある礼法を学びたいという声が高まっていく。流儀の伝統に対する信仰や、固く秘伝を守るといった観念が崩れ始めたのである。そこで、小笠原流と称して町方に礼法を教授する人が現れた。しかしこれらの人々は、本来の質実剛健で合理的だった礼法の真髄を理解していなかった。なぜなら「お止め流」であり、また「一子相伝《いっしそうでん》」として奥義を余人に伝えることがなかったその礼法の真髄を知る手段がなかったからである。そのために華美で堅苦しく、難しい「お作法」が「礼法」として作り出され、礼法に対する誤解の歴史が始まることになる。

明治時代になってもこの流れは変わることなく、小笠原流礼法の名のもとに女学校の作法教育に取り入れられ、教えられていった。その結果、前述の「畳のへりを踏んではいけません」といった、礼法の真髄を知らずにかたちのみに拘泥《こうでい》したものばかりが一般に流布《るふ》してしまったのだ。こうして作法教育は、礼儀作法が堅苦しく、意味のないものという誤解を日本文化そのものに植えつけてしまった。

時代が下っても「お止め流」「一子相伝」の伝統は守られ、当主《とうしゅ》自《みずか》らが礼法を教授することはなく、私の曾祖父までは礼法を一般に教授することはなかったのである。

また戦後は民主化の流れの中で、封建的な道徳を助長するものとして礼法教育そのものが難しくなった。さらにはアメリカナイズされた自由や個人主義が勝手な利己《りこ》主義とはき違えられ、日本人が本来持っていたはずの「相手を大切に思うこころ」は次第に薄れ始めてしまった。このような日本人のこころの荒廃を憂《うれ》えて先代は、「真の礼法を一人でも多くの人に理解して欲しい」という願いを抱くに至った。ここに、お止め流としての惣領家に伝わる小笠原流礼法が初めて一般に公開され、生涯にわたって礼法普及活動に努めたのは周知の通りである。

# 礼法の真髄

礼法の真髄とは何か。

人は大かた、高きもいやしきも、人のために辛苦《しんく》をするならいなり。……惣《そう》じて、身にそうたほど、分際《ぶんざい》にしたがい、徳を諸人にほどこすべし。

と伝書にある。

自分を良く見せようと背伸びをしたり、見栄を張るのではなく、自分自身のこころで相手を大切に思い、そのこころからなる自然な振る舞いをすることが重要なのだと説《と》いている。

この振る舞いについて、小笠原流礼法では「美」を基準に行動を規定している。礼法の代表的な教え歌に、

無躾《ぶしつけ》は目に立たぬかは躾《しつけ》とて目に立つならばそれも無躾

がある。しつけが身についていない人の振る舞いが目に立つのと同様に、周《まわ》りを意識しすぎた目に立つ振る舞いもまた不躾《ぶしつけ》である、ということだ。その他に、

足も手も皆身につけて使うべし離れば人の目にや立ちなん

仮初《かりそ》めの立《た》ち居《い》にもまたすなおにて目にかからぬぞ躾なるべき

と「目に立つ」「目にかかる」ことを戒《いまし》めているとともに、伝書中の「見憎《みにく》く候」やその反対で「見よく候」という表現は、行動の美学の考え方を表している。さらに、

水は方円《ほうえん》の器《うつわ》に随《したが》う心なり。

という伝書の一説は礼法の真髄を語って余りある。水を入れる器はかたちが丸かったり、四角であったりする。しかし水は、常に自然に器のかたちで存在する。このように人もまた、融《ゆう》通性《ずうせい》を持って自然な振る舞いをこころがけなければならないということである。

このように、礼法はまず相手を「大切に思うこころ」が根底にあり、そのこころの表現方法として作法、つまり「かたち」がある。

こころとかたちが相まって礼法は成り立っている。言い換えるならば、かたちは流動的なも

のであり、先に畳を歩く歩幅のところでも触れたように、時代や環境等とともに変化することがある。しかし、その基本となるこころは、礼法が成立した室町時代から約七百年の時を経《へ》た現代においても変わるところはない。

先代は「社会人として、わきまえてしかるべき当然のことを自然に振る舞うことこそが礼法の真髄である」と説いた。つまり、ＴＰＯ（時・所・場合）に合わせて、その場にふさわしい判断からなる自然な振る舞いができることが、社会に生きる私たちに必要なことなのだ。

さて、礼法の真髄に触れたところで、次に礼儀作法がどのように体系化されてきたのかを考えてみる。私たち現代の日常生活になぜ礼法が必要なのかを理解するために。

## 礼法が体系化された理由

社会という共同体の概念のない原始時代でさえ、身振り手振りで自分の意思を相手に伝える等の対人関係があった。もしも武器を持ったまま、相手が来るまで何の意思表示もせず佇《たたず》んでいたなら、それは敵意を示すものとして争い事にまで発展する恐れもあったであろう。

一方、日本列島における集落は縄文時代に成立し、小規模なものからだんだんと大規模なものになった。その頃は、貧富の差も階級の差もない平等社会だったが、こうしたムラ社会を形成する上で、絆《きずな》としての宗教的な祭祀《さいし》は切り離せない存在であった。

しかし、平等社会の形態を持つ縄文時代でも、集落の中で宗教的な禁忌《きんき》を中心とした掟《おきて》が定められ、違反をした者には罰則まであった。とはいえ、以降の時代に比べると自己のおもむくままの情感を抑制《よくせい》することに積極的ではなかったと思われる。

弥生時代になると稲作農耕が起こり、生産力の増大とともに富める者と貧しい者、強者と弱者が発生し、富める者は一層強者となって集落員から隔絶した個人が誕生するとともに、この個人は集落の統治者《とうちしゃ》となり、さらに統治者同士が対立抗争し、吸収することで古代国家が成立していく。

さらに社会体制が強化されるにつれ、人々は秩序《ちつじょ》立った生活ができるようになる一方で、身分の階層化が進んでいくことになる。こうした社会が成立することにより、各々の生活は守られていくのと同時に、自己の本能的な欲望や憎悪《ぞうお》を互いに抑制しなければならない状況になる。つまり、健全な社会生活を円滑《えんかつ》に運営するために、守るべきルール、マナーが必要となり、こうした必然性があって、この頃から礼儀作法の概念が発生したと考えられる。

人は欲望や憎悪、つまり自己を持った瞬間から社会生活においては自己抑制があらゆるケースで必要となることを学び、と同時に常に自分のみならず相手のことを考えることの大切さを理解しなければならない。

このような自己抑制機能が長い年月の中で繰り返され、無意識のうちに作動するようになると礼儀作法というものが固定化されてくる。そして礼儀作法は前述の通り、「行動の美学」に通ずるような美的基準や道徳的基準を加えられることにより、日本文化の概念の一端を担《にな》うまでになったのである。

また、礼法の体系化を語る上で、孔子《こうし》の「礼」の思想を忘れることはできない。孔子の説く最高の徳目《とくもく》は「仁《じん》」であり、『論語《ろんご》』にある「己《おの》れの欲《ほっ》せざるところは、人に施《ほどこ》すことなかれ」ということばの根底には、他を思いやることに重点が置かれている。

このことばは、『新約聖書』の「ルカによる福音書」の中の「人にしてもらいたいと思うことを、人にもしなさい」の一節を思い起こさせる。この一節が代表するような「己れのごとく隣人を愛せよ」という、やはり思いやりを重視したキリスト教の教えにも通じる。キリスト教が中世の騎士道とともに西洋の人々の道徳性を形成したことを考えると、日本の礼儀作法も、西洋のマナーも、ともに相手を重んじる心性は万国共通だと確信している。

礼法とキリスト教を結びつけて考えるきっかけとなったエピソードを紹介したい。私事で恐縮だが、幼稚園から十六年間にわたり、カトリック系の学校で学んだ。そうした環境の教えに一貫していたことは「思いやりのこころ」であった。私が宗家に就任する頃だったか、学校生活の中でお世話になった先生のことばが深くこころに残っている。

「小笠原流礼法の基本は、相手を大切に思うこころだと言うが、そうであるならば、あなたが学校で学んだ、思いやりのこころと同じであり、一見、礼法とカトリックは全く違う分野のようでも基本は同じはずである。従って、学生生活で身につけたことが仕事に生かせるとは素晴らしいことではないか」。

このようなおことばを頂戴し、表現方法は異なっても、礼のこころに国境はないものだと再認識できたように思う。

少々道がそれてしまったが、話を元に戻すとしよう。

室町時代の礼法は、孔子の教えを結実させた儒教《じゅきょう》的なものを基礎としていた。しかし、当時

の武士たちには、江戸時代に幕府が官学として朱子学《しゅしがく》を取り上げ、儒教の教えと礼を結びつけて生活を律したほどの儒教に対する教養は残念ながら期待できなかった。

前述した『三議一統』の序文の中では、神道や王法といった古来の考えが儒教と区別されず、大まかに三綱《さんこう》(君臣、父子、夫婦の道)、五常《ごじょう》(仁《じん》、義《ぎ》、礼《れい》、智《ち》、信《しん》)が説明されている。

ということは、神道・仏教・儒教などに説かれている説をそのまま評価し、取り入れながら礼法を作り上げていったのではなく、礼法の上にこれらの教えを権威づけとして借りてきたように思われる部分もある。

しかし、だからといってこれらを軽視したのではなく、むしろこの枠《わく》の中に自己を合わせていくという日本に特有の考え方が色濃く見られる。

室町時代の道徳観がどのようなものであったか、伝書の一説から考えてみたいと思う。

ある証文に書ける。女の進退《しんたい》の事、大かた、若き時は父に従い、人となっては夫に従い、老いては子に従うなり。これを三従《さんじゅう》と申すなり。

に続き、

まず女はいかにも、心やわらかにあるべし。そもそも日本国は和国《わこく》とて女の治《おさ》め侍《はべ》るべき国なり。……されば男女によるべからず。心うかうかしからず。正直にたよりしかならん人、肝要《かんよう》たるべしと見えたり。

とある。男女を問わず、正直で頼りになる人こそが大切なのであって、男女の性差の考え方も柔軟にと、現代社会にも通ずる考えが存在していたことに驚かされる。

鎌倉時代から発達した武士道とそれに伴う礼法は、江戸時代に儒教思想に裏付けられて大成し、武士階級の道徳を律した。さらに儒教思想との関係は、時を経るに従って次第に厳格なものになっていく。

明治時代になっても、儒教的道徳思想は生き続ける。高田義甫《たかだよしすけ》の『女訓 女学必読 一名・一新女大学』には婚姻《こんいん》に関して、次のように書かれている。

嫁入りするはこれみな神の御配偶にて人の力業《ちからわざ》にあらざれば、神の御蔭《おかげ》をありがたくおもい、心を金石の如《ごと》くかたくし、貞節《ていせつ》を守り、つつしみて夫に事《つかえ》なば、夫さらむとすとも必さらるるものにあらず、又さりさられて再び有徳なる夫に縁づくとも、女たるものの第一の恥辱《ちじょく》とするなり。……夫より外《ほか》には男と席を同じくして共に語るべからず。

この一節からも、まだ封建的で儒教的な思想が根深くあったことが読み取れる。

このように、道理に対して非常に柔軟な考えがあった室町時代と比べて、江戸時代以降、封建制度が強化されるにつれて、礼儀もまた次第に形式を第一にするものとなり、後世に形式張った堅苦しいものと誤って伝えられる基となった。つまり肝心の「こころ遣い」さえ置き忘れてしまう。

しかし、「こころがこもってさえいれば良い」というものでもない。よかれと思った上での行動だったとしても、受け止める側の判断の基準がそれぞれ違う場合もある。もしもその基準が異なった場合には、こころをこめたつもりがかえって無礼だと判断される可能性さえある。

礼法の体系化が進んだのは、このような行き違いを最小限度に抑えようとするためであり、そうしたことから共通の判断基準を定めることとなったのである。こうした礼法の意義を見失ってはならない。

ここまで、礼儀作法が時代とともにどのような変化をとげてきたのかを簡単に考えてみたが、現代においてはどのような礼法が必要とされているのだろうか。

## 現代に必要な礼儀作法

森鷗外《おうがい》が『礼儀小言《れいぎしょうげん》』の中で、外国人には礼があって、「我邦人《わがほうじん》には礼がない」と書いている。これが礼儀作法にやかましかった明治時代の日本人に対して書かれたものであることは驚くばかりであるが、私も全く同感である。

たとえばホテルのエレベーターで外国人は〝Good morning〟と笑顔で挨拶してくれるのに対

して、日本人は挨拶どころか伏し目がちでいることが実に多い。初対面の人への挨拶はどうも苦手のようである。せめて同じマンションに暮らす人とすれ違ったり、エレベーターが一緒になったときは、すがすがしい挨拶で一日を過ごしていただきたいものである。

また、日本では公共の場で他者がドアを開けた際に、「お先に」「ありがとう」ということばもなしに、ドアを開けさせたまま通り過ぎていってしまう人を見かける。森鷗外に指摘されるまでもなく、嘆かわしいことと言わざるを得ない。

しかし、初めから日本人に礼がなかったわけではない。人と人とが行き会う場合、細かい心得やその振る舞いが礼法として存在していた。

ところが和服から洋服へ、筆からペンへ、和室から洋室へ、さらには固定電話からスマートフォンへと生活様式が変化する際、それに適したマナーを理解する間もなく、性急にそのかたちのみを取り入れたため、その変化に応じることができていない。

確かに、クリスマスが終わるとお正月の準備をし、その翌月には豆まきの後にバレンタインのチョコレートを用意する、全く自国の文化を大切にしない国民とも言われている。

しかし、日本人としてのこころがすべて失われてしまったわけではない。欧米の行事を取り入れているにしても、年間を通じてさまざまな行事によって、生活に彩りを添え豊かなものにしていこうとする国民性は失われていないのである。日本にも数々の伝統的年中行事があることを見直していただきたい。

西洋の文明に憧れ、それを取り入れようとするだけではなく、和の伝統文化をしっかりと身につけた上で、西洋のマナーを取り入れることがこれからは重要となる。

なぜならば、今後も私たちの生活環境は、日々刻々と変化し、その変化に耐え得るだけの理解力と判断力がますます求められてくるからだ。

一つの例として、通信手段の変化が挙《あ》げられる。

昔は使者を遣《つか》わし手紙のやりとりがなされていた。明治時代になり郵便制度が確立すると、誰でもが簡単に全国へ、さらには外国にまで手紙を送ることができるようになる。手紙の他に電話が普及すると、より迅速《じんそく》にコミュニケーションがはかられるようになる。さらにファックスを使用することによって、即座に手紙や書類を送ることができるまでになる。それでも満足できなくて、今度はインターネットを利用して、リアルタイムに世界中の人々とも意思の疎通《そつう》をはかることができるまでに至った。私個人としては、通信のすべてを機器にゆだねたり、パソコンの文字のみで行われたりすることには賛成できない。しかし、社会生活において、そうしたものを使いこなさなければならない時代になっていることは否定できない。

とするならば、ファックスやメールを送る際に、いかに相手に失礼のないように送るかとところを配り、表現していくことが必要となるのではないだろうか。なぜなら、現段階においては最終的に機器を使用し、管理するのはあくまで人間であるからだ。

どのような状況下においても「その場にふさわしい振る舞いをするための的確な判断」、これを身につけることが現代人には必要である。昔ながらの礼儀作法をそのまま取り込む必要はない。むしろ、すべきでないと言っても過言ではない。しかし、礼儀がどのような意義を持って生まれたのかという基本、つまり「こころ」に触れ理解することが自分の的確な判断からなる「かたち」を作り上げる。

従って礼儀作法の修得は、この多様化した社会や価値観の変動の中においても、人間関係を円滑にする潤滑油《じゅんかつゆ》として、十分に対応できるだけの要素となる。というよりは、かえって必要性を増しているとさえ言える。

海外に目を向ける以前に、日本の礼儀作法に対して、もっと自信と誇りを持つべきではないだろうか。戦前の修身教育すべてを肯定《こうてい》することは致《いた》しかねる。しかし、その時代の人々は自身の礼を含め、日本人の礼儀に対する誇りを持っていたように思われる。一方、昨今のように、こころを中心とした教育から離れつつある状況下においては、「こころ」を育《はぐく》む術《すべ》を失った人々により、多くの社会問題が引き起こされていることは周知の事実である。

「こころの教育」が見直されている現代において、礼法はその「こころ」を養うことに重点が置かれていることを重ねてお伝えしてきた。ならば、礼法はもっと我々の手で現代に活かされるべきではないだろうか。

## 規則との正しい付き合い方

礼儀作法は、規則によって成り立っているとは言うものの、時にその規則から外《はず》れることが許されてもよいのではないかと思う。

それぞれの心に随《まか》せ、一遍《いっぺん》にこれ有るべからず。平生の時は進退は右なり。しかれども、座敷の様《さま》に寄るべし。左様の時はいかにも左へ廻るべきなり。一遍にこりかたまるは礼に非《あら》ず。

通常は右に回って方向を変えるが、状況によっては左に回ることがあるということ。このように形式のみにこだわることを伝書では否定している。

「礼儀作法」は規則ではあるものの、これを破ったとしても、精神的・肉体的拘束《こうそく》を受けることはない。しかし、「法律」となるとこのどちらも拘束を受けることがあり得る。

「法律」と「礼儀作法」、各々の規則が持つ拘束力は違っても、それがどのように運用され、私たちを取り囲む人間関係をより良いものとしていくかは私たち自身にかかっている。状況の変化に応じた規則の運用が両者に求められる心得である。

さて、長い封建時代において、領民は自分たちの村を出ることはなかった。従って、人間関係のほとんどは、親類や農作業をともにする人など、周囲の関係ある人々との付き合いが中心となる。その中で、身分やそれぞれの関係、状況などにより、細かい作法が定められ、それに外れることは恥であるとされた。だがそうした窮屈な環境の中にも、日頃の生活から一歩離れ、年中行事の村祭りなどを初めとした息抜きもあった。

こうした環境下では「内輪《うちわ》だけでの礼」が知らぬ間に根づいてしまうことは否《いな》めない。気づかぬうちに、外の世界に対して積極的に礼のこころを持ってアプローチしていくことを苦手とする国民性を育んできた。このため、一人で外の世界に出たときには、萎縮《いしゅく》したり虚勢《きょせい》を張ったりしてしまう。

だが、集団となるとその限りではない。いつもと同じ顔ぶれでの行動は、安心感からなのだろう、国内・国外を問わず自分たちの習慣そのままに行動してしまうのだ。「旅の恥は掻き捨て」の習《なら》いはこうした理由からだとも言えるであろう。

公共の化粧室を使用するたびに、洗面台に髪の毛がたくさん落ちていたり、水が飛んで周りが濡れたままになっているなど、使ったままの状態で化粧室を後にする人が多いことを実感する。

また、レストランなどで、装《よそお》いは素敵な人が、必要以上の声量で会話を進める、あるいはお店や周囲のお客様への配慮に欠けた振る舞いをする光景を見かけることがある。

ほんの少し、「周囲に対するこころ遣い」を持つことにより、自身のみならず、同じ空間の中にいるすべての人々が快適に過ごすことができることに気づいていないのかもしれない。

学生時代、肩まで髪の毛が伸びたら結ばなければならない、ブラウスは第一ボタンまで止めなければならない、といった校則はなぜあるのだろうかと友人たちと話し合ったものだ。こうした規則もまた、どなたに対しても不快感を与えずに、清潔で学生らしいと感じられるであろ

うという基準、いわば最大公約数のようなものである。

国境を越えてますます国際化が進む現代において、自分本位にならず、「公」を常に意識することが求められるであろう。それは決して難しいことではなく、自分が置かれている環境、社会の中で、相手を重んじた、温かい礼儀のこころを持ち続けるということなのだ。そのためにも、細かな「規則」、つまり「作法」を無理なく取り込むことをこころがけ、こころ豊かな生活を送っていただきたい。

## 慎みの美意識

日本人の生態や風俗に関しては、外国人の目から見て書かれたもののほうにかえって真実があることがある。

明治時代、日本の大学で教鞭《きょうべん》を執ったアメリカの動物学者エドワード・シルベスター・モースは、米国民に日本文化を紹介、讃美し続けるとともに、日米両国民に愛された温かい人柄と鋭い観察力で、さまざまな角度から日本を発見、発掘し、世界に紹介した。

そのモースは、『日本その日その日』の中で、明治時代の日本人の花見の様子を次のように記している。

「（日本人は）どれだけ民衆が集まっても、決して乱暴狼藉《らんぼうろうぜき》はしない。桜見物の群衆にも秩序というものがちゃんとある。これはわが本国アメリカでは見られないものだ」。

現代では、騒音やゴミの放置でとかく悪いイメージばかり報道される花見が、このように描かれているのは驚くばかりだ。いまや日本人の公共の場でのマナーの悪さやゴミ問題、自分を誇示する落書きなど、自分さえ良ければという身勝手な行動が、目に立つばかりである。

しかし、日本人の公共のマナーの良さにも、モースは感嘆《かんたん》している。「日本にはどうしてこう、落書きがないのだろう。そして、どんな名所旧跡を訪れても、汚いものが捨てられていない。これが自分の国だったら、ビール瓶その他が山のように捨てられている。また公園に行ってみると、そこには湯飲《ゆのみ》道具などが置かれてあるがこれが立派で少しも汚されていない。アメリカでは公園の水道につけてあるコップなど、厳重に鎖で結《ゆ》わえつけられている。さもなければすぐ持っていってしまう者がいるからなのだ」と。

若い人たちのモラルの低下が問われている現代の日本と、同じ国民とは思えないほどだ。さらにモースは、「つまり日本のほうが、遥かに文化の程度が上なのだ……」と結論づけてさえいる。

次のような記述もある。

「日本人はいかなる人間に対しても人間の価値、お互いの価値を認め合う」。これこそ、小笠原流の教えである「思いやりのこころ」を、明治時代の日本人は誰もが持っていたということだろう。

このモースの文章を思い出して、改めて日本人の慎みということを考えたい。

第一に、公共の場でのマナー、人に迷惑をかけない、不快な思いをさせないという、ごく当たり前の戒めである。

電車やバスの中でのお化粧や飲食、また禁止されている携帯電話の使用などは、論外である。人の集まる場所での大声での私語、品性に欠ける話題、清潔感のない服装や身勝手な振る舞いなど、慎みがないという以前に非常識といえるのではないだろうか。

具体的によくある例を挙げる。電車の中で濡れた傘が他人に触れても何とも感じないこと。あるいは傘を閉じたまま持ち歩くとき、とがった先端を後ろに跳ね上げるようにして歩き、後ろの人がどれだけ迷惑しているかを考えない、といった配慮のない行動。

昨今は横断歩道で信号が点滅しているときはおろか、赤信号になっても急ぎ足にもならずに歩いている人も少なくない。

難しい礼儀作法の本やマニュアル本を買うまでもない。ただ一つ、自分のことよりもまず他者を思いやるという、小笠原流においても伝え続けてきた考え方こそ、慎みの原点なのである。

自己を慎み、相手のこころを察する、ということが礼法の柱になるともいえよう。

第二に、これらの慎みのなさは、他人の不快を誘うだけでない。慎みのない身勝手な行動は、自らの品位を下げ、自分自身のプライドをなくすことにつながる。ひいては己を深く傷つけることになる。慎みのこころは、他人のためだけではなく、自分自身のためでもあることを知っておく必要がある。

しかしながら、小笠原流の伝書では、公共の場でのみ緊張していれば良いとはしていない。本当の慎みとは、むしろ一人でいる時間にこそ大切と説いている。

一人の慎みを考える場合に良く引き合いに出される「ダモクレスの剣」という故事《こじ》がある。これは、紀元前四百年前後のシシリー島シラクサ市のディオニュシオス一世の幸福を、彼の家来であるダモクレスが妬《ねた》んだという話。王はダモクレスの望み通り王の装いを許したが、同時に鋭い剣を彼の頭上につるした。王というものは、たえず危険とともにあるのだから、常に自分を律していなければいけないという教えである。

日本のお姫様も同様で、蜂須賀《はちすか》侯爵《こうしゃく》夫人は幼い頃から寝るときには、両端にかみそりを結びつけた枕で寝かされたという。今では考えられないが、眠っている間に少しでも動くと顔が傷つくようにして寝かせ、決して寝乱れた姿にならない習慣をつけるという、当時の親の愛情から出た厳しいしつけであった。

ダモクレスと蜂須賀侯爵夫人、どちらの逸話も、一人でいる時間の慎みを大切にせよということを教えている。
小笠原流の伝書『女中手鑑《じょちゅうてかがみ》』でも、特に一人でいる時間の慎みを厳しく記している。

御湯殿、御手水、御心に御まかせ候事、第一の御恥なり。
浴室、お手洗いなど一人になる場所では常に気をつけなければならないということである。
如何《いか》に心易《やす》き召使いの女房もいい沙汰におよぶものに候。よくよく御つつしみ肝要と存じまいらせ候。

（慎みを忘れた振る舞いをすると）こころを許している奥女中たちでも、うっかりどこかでその様子をもらしてしまうものだと言っている。現代と比べ多くの人が慎みのこころを持っていたはずの時代においても、一人のときの慎みを厳しく記しているということは、誰でも一人になれば慎みを忘れてしまいがちだということであろうか。

慎みとは人の見ぬときを第一とするなり。

とは、『絵本江戸紫《えほんえどむらさき》』という十八世紀初頭に書かれた民間の女性向け礼法書にある文章である。一人のときの慎みを普段からこころにかけていれば、いざというときに慌てることなく、自信と誇りを持って行動できるということである。
「慎まねば」と思うあまり、窮屈に考え過ぎて行動を狭めたり、言いたいことも言えずに卑屈になったりする必要はない。なぜなら、私たち日本人は、明治時代にはアメリカ人学者をも驚かせたという完璧なマナーと公衆道徳を当たり前のように実行していたのである。

難しいことではない。礼法が伝える「思いやりとまごころ」の気持ちを忘れずに、日本人としての誇りを持っていれば、先人のように互いに他人を思いやる行動ができるのである。

また、女性には、女性特有の「女らしさ」を忘れないでいただきたい。男女平等が叫ばれる中、こうした表現に反感を抱く方がいらっしゃるかもしれない。しかし、本来は身体の構造や機能の違いなどから、男性は直線の美、女性は曲線の美と、それぞれの動作の中で美意識がとらえられていたはずである。

伝書に、
しとみ、妻戸《つまど》のお出入り候こと、いかにもしずしずとお通い候え。

と女らしさの美が説かれている。

「慎み」や「しずしず」といった類《たぐい》の表現は、小笠原流のみのものではなく、長い歴史の中で育まれた日本人の美意識なのである。男性には男性の、女性には女性の作法をそれぞれに身につけ、最終的には「男女によらず」共通の「相手を大切に思うこころ」が求められている。

## 周囲への気配り

伝書のいくつかの箇所を拾い読みしてみればすぐにわかる通り、小笠原流礼法は、実に合理的でフレキシブルな生活の教えである。

たとえば、「時宜《じぎ》によるべし」は、たとえ厳しく手や足の動きの順序や運びを定めたとしても、イレギュラーの場合には、自己の責任とセンスで対応しなければいけないという、自己責任の指導でもある。百千の例があったとしても、必ず例外がある。そのような場合に、頭で覚えた規則と丸暗記したマニュアルに頼っていてはいけない。柔軟に状況判断し、どちらを向いて何をすべきかという自分のポジションを考え、すみやかに、しかもしなやかに行動できるだけの決断力が必要となる。

この種の決断力は、一つの答えを求めがちな日本人には、苦手とされることかもしれない。しかし、室町時代において、小笠原流ではフレキシビリティを持つように教えている。それが「見合わす」という考え方と、それに応じた行動の取り方である。

和食の作法でも触れるが、

人前にて飯喰い候様、さまざま申し候えども前々申し候ごとく、貴人を見合せて喰うべし。

ということが伝書に残されている。小笠原流では、食事の作法は、箸の上げ下ろしから椀の持ち方までこまごまと定められているのは周知の通りである。

しかし、実際に大切なのは、相手のペースに合わせて食べること。ひけらかすかのように完璧な作法で食べて見せるより、周囲を見合わせながら食事をすることが肝心であると、伝書に説かれている。ともすれば礼法を自らが否定するかのような一文ではあるが、これこそが相手を思いやる気持ちを持つフレキシビリティなのだ。

道元禅師《どうげんぜんじ》が書き遺《のこ》した『赴粥飯法《ふしゅくはんぼう》』という書物にも「切《せつ》に忌《い》む、はなはだ急に食しおわってて手を棋《くみ》して衆を視《み》ること」と書かれていて、自分だけ勝手なペースでさっさと食べ終わってしまい、腕組みしてまだ食べている人を見ている、という状態を悪いと言っている。

現代の会食や着席式のパーティーでも、他の方がまだ食事中にもかかわらず、口をぬぐったナプキンをさっさとテーブルの上に置いたり、ようじを使い始める人を見かけることがある。一緒に食事をする側からすると、不快感につながり、他人を無視した行為と思われてしまう可能性がある。

また、伝書では「飯の再進《おかわり》」についても、自分がおかわりを受ける場合は席次が一つ上の人に一礼し、席次が一つ下の人がおかわりを受けるまで少し待っているなどと、周囲を見合わすこころ遣いが説かれている。

「見合わす」ことは、「我十分」と表現される自分勝手な行動や態度を控えて、互いに思いやり、こころを配り合うことである。相手や周囲を見合わすこころさえ持てば、細かい箸の上げ下ろしに一喜一憂《いっきいちゆう》しなくても、自然に礼儀が成り立っていく。

同様の例に、茶道の稽古がある。

茶筅《ちゃせん》、帛紗《ふくさ》、茶杓《ちゃしゃく》、棗《なつめ》の扱い、茶のすくいようなど、複雑で難しい所作《しょさ》を身につけなくてはならない。しかし、こうした所作を考案した千利休自身は、フレキシブルにこの手順を破ってみせたという。

茶会記《ちゃかいき》によると、一律に決められた茶の量を、客の好みによって臨機応変に変えて供したという。

茶道においても、大切なのは手順や作法より、人を見合わすというこころ遣いであるとされているのである。

伝書中の「水は方円の器に随う心なり」が表すように、このこころこそが、「見合わす」という行為そのものであり、水のように自然に対応することこそ礼法の真髄である。

相手のペースに合わせて、相手と自分の社会的な立場、付き合いの深さ、好みまでを尊重し合う。さらにはお互いのこころを思いやりを持って察し、自分のポジションと分際をわきまえて身を慎むということである。

たとえば、会話を続けようとするがゆえなのかもしれないが、他者との会話でプライベートな質問をすることは、欧米のマナーからするとあってはならないことである。本人は悪気がなくても、尋ねられる側にとっては、プライバシーの侵害以外の何ものでもない。相手の立場を思いやらず、自分の分際をわきまえず、配慮に欠ける行動や発言は、その場の和《なご》やかな雰囲気を壊す。

このように、他人を尊重せず思いやりに欠けた行動をしないよう、「見合わす」こころを常にこころがけたいものである。

# 第一章

# 動作の基礎

## ふるまいの基本は「姿勢」

「立ち居振る舞い」というと堅苦しくなるかもしれないが、日常動作のすべてに基本となるものがある。この基本とは、それぞれの身体に合わせ、自分自身の「こころ」を身体の「動作」に表現した基準を自然に身につけることである。

哺乳類の中で二本足で歩くことができるのは、ゴリラやチンパンジーなどと限られている。これは、大脳の発達により頭が重くなって四つん這《ば》いでは支えきれなくなったためである。

特に人間は、頸骨《けいこつ》が重い頭を支えられず、直立して背骨の上の安定した位置に頭をのせた結果、大脳が発達したわけである。

成長期には、背骨が曲がりやすいため、猫背になるケースが少なくない。身長が伸びるほど曲がりやすく、背の高い人は注意が必要である。また、背の高い低いに限らず、正しい姿勢をせずに、頭を左右どちらかに傾けるだけでも身体に大きな負担をかけてしまう。さらに猫背に

なると、外見からもだらしなく見えるだけでなく、内臓器官を圧迫するなど健康を害する要因まで作ってしまう。

正しい姿勢は、物事を考え、判断する際に脳の働きを高める効果があることはご存知であろうか。健康な身体に健康なこころが宿る、と言われているが、姿勢を正すとこころまで正されることを、是非実践していただきたい。

小笠原流礼法では、この姿勢を作る基本を「胴作り」と言い、これは、弓馬から起こったものである。弓をひくには上体、特に腕に多大な力が必要となるが、さらに腰を安定させ体勢を作るための姿勢が基《もと》になっている。当流の伝書《でんしょ》に、

**胴はただ常に立ちたる姿にて退《の》かず掛《かか》らず反《そ》らず屈《かが》まず**

と胴作りについての教え歌が残っている。退かずとは右に、掛らずとは左に、反らずとは後ろに、屈まずとは前に傾かない姿勢を表している。

姿勢を正すというと、背骨を伸ばすことばかりに集中しやすいようである。しかし、ポイントは、腰である。

立った姿勢は、背骨が腰に突き刺さるようなイメージで、背筋を正し、下腹に少し力を入れ、肩や背中には余分な力が入らないようにする。顎《あご》は突き出さないようにし、重心は土踏まずに頭の重さを落とす感じに取ればよい。両手は、ふくらみを持たせて指を揃え、自然に身体の横

に垂らす。正しい姿勢はすべての動作の基本となることを再認識していただきたい。

次に、座った姿勢についてであるが、礼法を指導するにあたり、最初は「正座は苦手なので」という意見を耳にすることが少なくない。しかし、稽古を重ねるうちに正しい姿勢を身につけると、長時間の正座も無理なくできるようになってくる。

正座は、茶道において、茶室の限られた空間の中で用いられ、それから伝えられていったという説や、畳の普及とともに一般に広まったという説など諸説ある。

武士階級においては、あぐらや片膝を立てて座っていたのが、江戸時代になり、平穏な時代が訪れると正座が中心となったと言われている。つまり、主人の尊厳を保ち、また服従心や相手に敵意がないことを表すかたちということである。

畳の普及とともに、正座が一般化したと考えるのであれば、庶民の家屋にも畳が敷き詰められるようになった江戸時代末期から明治にかけてであり、学校教育の中に礼儀作法が取り入れられた頃からさらに普及したと考えられる。従って、日本の歴史からすると、正座が正式な座り方とされてからそれほど長くはない。

だからといって侮《あなど》ってはいけない。相手に対する「こころ」がそこに存在するかどうかを一目で見事に表してしまうのが正座である。正座はごまかしの利《き》かないものである。

さて、何時間も正座をしていれば足がしびれることも避けられない。短時間でしびれてしまうのには原因がある。その一つは、体重をそのまま足にかけてしまうことである。伝書には、踵《かかと》と尻の間に和紙一枚分のすき間を開けて座るようにと説かれている。実際は、すき間を開けるというよりも、上体を浮かせるイメージで座ると良い。

前述の立った姿勢と同じように、座った場合も胴作りが基本である。正座のときは両足の親指を三、四センチほど重なるようにする。また、手は指先を伸ばし切らずに丸みを持たせて揃え、股《もも》の上に八の字に置く。

このように正しく座った姿勢を「生気体《せいきたい》」と言い、背を丸めたり、顎を前に出したりというような悪い姿勢を「死気体《しきたい》」と言って戒《いまし》めている。

日本においての日常生活は、正座が基本となって行われてきた。たとえば、日本家屋の床《とこ》の間《ま》、そこに掛ける掛軸《かけじく》、花を飾る高さから庭の景色に至るまで、すべて正座をしている人の目

の位置を基本としている。

一方、欧米においては、立ったり椅子に座ったりの生活が中心である。従って、絵を掛ける高さ一つとってみても、高い目の位置が基本となっているわけである。

現在、日本においても和室が減少し、洋間の生活、つまり目の位置の高い環境が増えている。畳離れである。椅子中心の生活になってからは、それまでほとんど例のなかった「成長期の若者の膝痛」を訴える人が増え、その原因の一つに正座をしなくなったことが挙げられているという。

健康を保つためにも、日本の美意識の基本となった正座を敬遠するのではなく、時には少しの間でも挑戦して、日本文化を感じ取っていただきたいと思う。

## 視線はどこに置くべきか

目は口ほどにものを言う、目の動かし方だけですべてを語り得ると言われるほど、視線の投げかけ方については古今東西難しいことのようである。

西洋のマナーでは相手の顔を見てその存在を認め、さらに視線をそらすことで相手のプライバシーを侵害する意志のないことを表す。さらに、目を上下に動かしたり、上目遣いをすることは避けなければならない。自分の顔全体を相手に向けて、やわらかく穏やかな目で接することが大切とされている。人と視線を合わさないようにと下ばかり見ていることは失礼に当たる。

伝書には、

うかうかと人の顔をまほり座敷を見めぐるべからず。

と相手の顔をためつすがめつ見たり、室内を落ち着きなく見回すことのないようにと戒めている。初めてお目にかかった方に、上から下まで視線を動かして見られることは決して気持ちの良いものではない。また、

主人に差より物を申し承《うけたまわ》る事。主人の膝をまほって申し承るべき也《なり》。又大方ならば、左の袖を見て申すべし。同輩ならば顔を見て云うべし。

とあるように、相手が立場の高い方になればなるほど視線を落とし、同じ位の方には顔を見ながら視線を合わせて話をせよと教えている。

また、視線の作り方に「遠山《とおやま》の目付《めつけ》」（えんざんのめつけとも言う）がある。山の頂上を見ようとするとその景色のみが目に飛び込み、周りはぼやける。だが、山全体の景色を眺めるようにすると麓《ふもと》から頂《いただき》まで、全体を見ることができる。

このように、視線を一点に置くのではなく、全体を見ることを「遠山の目付」と言う。相手

と対面している際にこうした視線作りを使い分け、相手に失礼のない振る舞いを身につけることが理想である。

「なぜ畳のへりを踏んではいけないか」というところで触れたように、小笠原流には「目通《めどお》り」「肩通り」「乳《ち》通り」「帯通り」と、ものを持つ際の基準となる位置が定められているが、視線にも共通したことがある。

視線の縦は、目から胸（乳）の高さまでを、横は左右の肩を一本の線で結んだ範囲を基準として四角形を想像してみる。この四角形の範囲内で、目上の方に対して視線を置き、友人などには少し拡大すればよい。

頭の先からへその辺《あた》りを縦と考え、この範囲を外せば目をそらしているという印象を与えてしまう恐れがある。

最初は小さな四角形からだんだんと大きな四角形の範囲で視線を作り、自然に相手の目を見て会話ができるようになることが、こころとこころを通わせる一歩となるはずである。

# 正しいお辞儀の仕方

正しい姿勢を身につけると、それを基本としてＴＰＯに合わせたお辞儀ができるようになる。コミュニケーションには、言語的・非言語的と二つのコミュニケーションが存在する。特に日本において、非言語的コミュニケーションは、文化を語る上でも重要なことである。ことばを使用せずに相手に対する敬意や感謝の意を表現する、非言語的コミュニケーションの代表に「お辞儀」が挙げられる。それだけに、どれほど感謝をしていたとしても、ポケットに手を入れたまま、一瞬だけ頭を下げて「ありがとう」と言っても、相手に対するこころは通じない。

とかく日本人は、一度の挨拶の中で何度も頭を下げてお辞儀をする習慣がある、といわれる。「こんにちは」と声をかけながら数回、相手が「こんにちは」と言ってさらにもう一回、というようにお互いのタイミングが合わずに何度も頭を下げてしまうのである。最近は、顎を前に出しながら何度も「どうも、どうも」とお辞儀をしている人も増えてきている。お辞儀は頭を下げることが重要、と理解しているのかもしれない。

さて昔から、身につけている扇子《せんす》を取り、正座した自分の膝の前に置いてから礼をする。小笠原流礼法には、「座礼」、つまり座敷におけるお辞儀に目礼《もくれい》から首礼《しゅれい》・指建礼《しけんれい》・爪甲礼《そうこうれい》・

折手礼《せっしゅれい》・拓手礼《たくしゅれい》・双手礼《そうしゅれい》・合手礼《がっしゅれい》・合掌礼《がっしょうれい》まで九品礼《くひんれい》と言われる礼がある。
お辞儀の名称だけ見ると難しく思われるかもしれないが、正座の姿勢を保ちながら前傾すると、股の上の手は窮屈になる。しかし、手先を揃えて身体の脇に下ろしてみると、手は自然と身体に添う。さらに、前傾する角度が深くなると、すなわちお辞儀が深くなればなるほど、それに伴い、手と手の間隔も狭まり、最終的に両手が合わさるのである。

小笠原流のお辞儀は、両手の親指と人差し指を合わせて三角形を作り、そこに鼻先を入れるように頭を下げるというイメージを抱くご年輩の方がいらっしゃる。かたちの上では、合手礼のように手が合わさるお辞儀もあるが、これは神前・仏前・その他儀式的にとても深いお辞儀が必要となるときに用いられるため、日常的なものではない。

また、三つ指をついたお辞儀も小笠原流には存在しない。三つ指をついたお辞儀をしようとしたら、手と上体にかかる力のバランスが崩れてしまう。さらに、流れのないお辞儀になるだけでなく、指先ばかり気になって、相手への感謝や敬意のこころが遠ざかってしまう。

お辞儀も正座同様、洋間が増加するとともに、立礼《りつれい》が中心となってきたので、日常多く用いられている立礼のポイントを、挙げてみたいと思う。

立礼には、会釈《えしゃく》・浅めの敬礼・深めの敬礼の三通り、さらに最敬礼がある。直立の姿勢から、両脇にある手が股の前にくる程度、約十五度前傾するのが会釈である。このお辞儀は角度が浅いだけに、軽々しくならないように注意する必要がある。会釈は、時に「お辞儀」のみならず「慎みの姿勢」にもなる。

敬礼は、会釈よりもさらに前傾し、指先が膝頭に達する辺りを限度とする。角度で示すなら、浅めの敬礼は約三十度、深めの敬礼は約四十五度である。ＴＰＯにより、この範囲内でこころをこめたお辞儀ができることが望ましい。

最敬礼は、別名が直角礼とも言われ、両手の掌《たなごころ》が膝頭をおおう程度、九十度ほど前傾する。これは、仏前・神前・その他儀式的に深いお辞儀が必要なときのものである。無理に直角にするのではなく、できる範囲の最も深いお辞儀をこころをこめてすることが大切である。

いずれのお辞儀も角度で捉えるのではなく、両脇の手がどの位置にくるまで前傾するかを理解し、身につけることが重要だ。

深いお辞儀が必要な場面で、特に相手が複数の場合、タイミングが合わずに、自分だけが先に頭を上げてしまったという経験がおありではないだろうか。

息を吸いながら身体を前傾させ、止まったところで息を吐き、さらに息を吸いながら元の姿勢に戻る方法を「礼三息《れいさんそく》」と言うが、これをお辞儀に取り入れることをお勧めしたい。この息遣いにより、相手と息を合わせるだけでなく、美しさを保ちながらお辞儀をすることが容易になるはずである。

伝書には、お辞儀についても細かく示されているわけだが、その中に、

人に式対《しきたい》の事、さのみ繁《しげ》きは返《かえ》りて狼藉《ろうぜき》なり、三度に過ぐべからず。

と何度もお辞儀をすることを戒めている。相手のお宅に訪問したときであれば、お目にかかった最初の挨拶、部屋に通されてからの挨拶、お暇《いとま》する際の挨拶と三回ほどは深いお辞儀をしても良い。しかし、部屋を出入りするとき、茶菓をいただく、あるいはお出しするときは、会釈程度の軽いお辞儀のほうが自然で好ましい。

このように、場合によっては深いお辞儀をしないほうが望ましいこともあるということが、昔からいわれている。何度も、あるいは深々とお辞儀をすることだけが、礼のこころなのではない。

また、すべてのお辞儀に共通することだが、頭を下げるまでがお辞儀なのではなく、頭を上げて元の姿勢に戻り、少し間を置いてから、つまり相手に対するこころを残してから次の行動に移ることが大切である。これを「残心《ざんしん》」と言う。字のごとく、相手へのこころを残すことで、お辞儀そのものにもゆとりが出てくる。

挨拶をしている際、元の姿勢に戻るまでに、髪の毛の乱れを気にして手を持っていったり、すぐに次の行動に移ったりすると、相手を軽視した失礼なお辞儀になってしまう。どのようなときにも、お辞儀は最後までこころを残すことが大切であることがおわかりいただけるであろう。

## 礼の「省略」の必要性

お辞儀に関して、もうひとつ忘れてはならないことがある。礼の省略である。上司に対する尊敬の念を抱いていても、社外の方と接する場合はその上司の敬称を省き、来社したお客様の前では上司に対して日常の丁寧な礼を省略されていることと思う。

このように、場合によっては「礼を省く」ことが昔からあった。

惣別《そうべつ》、貴人《きじん》、主人の御前にては、さのみ万事に礼儀を深くすること慮外《りょがい》の儀なり。いかにも上たる御前にては礼あるべからず候なり。心得べし。

と伝書にもあるように、どのようなときでも丁寧なお辞儀をすることが、かえって無礼に当たることもある。また、

貴人に対して礼儀するは、貴人に対して不礼なり。

ということもある。たとえば、社長のところへ取引先の社長が訪ねていらして、ご自身がお茶を運ぶ役目となったとしよう。本来ならば、最上級と思う作法で対応すべきであると判断しがちである。しかし、自分を前に出すのではなく、慎みを持って振る舞うことに重点が置かれると、逆の対応をこころがけるようになさるのではないだろうか。

小笠原流の教えからすると、丁寧なお辞儀や口上は省いて会釈程度に止め、相手の気にとまらないようにお茶を出すほうが好ましい。なぜならば、大切な商談中かもしれないからである。そのようなとき、深いお辞儀とともにお茶が運ばれると、そのお辞儀に相手も返礼しなければならなくなってしまう。お客様は、自社の社長よりも上位の方と心得るため、前述の伝書にもある通り、礼をすることは無礼にもなりかねない。このようなときには、目立たぬ振る舞いが必要となり、自分の存在を消すことが礼に適ったことと言えよう。

以前、父とレストランのサービスについて、話をしたことがある。食事はもちろんのこと、ビジネスやプライベートなど、それぞれ状況は異なっても、客は会話を目的に店を訪れていることが多いはずである。しかし、会話をしている客のところへ飲物や料理を運び出すたびに、店の人がその場の雰囲気も考えずにその説明をしてしまうことがある。そのようなとき、説明を聞こうとする気持ちとともに、一方で、これまでの会話が途絶えてしまったことに何か引っかかるものを感じられたことはないであろうか。

格式のあるレストランに行くと、それぞれのテーブルを担当する店の人が店内の隅々に立っている。日本人はこの光景に堅苦しい印象を持つようだが、西洋のマナーからすると彼らは空気のような存在である。とするならば、彼らにもまた、自己主張することのない、風が渡るような、水が流れるような、存在を気づかせぬまま客のこころを察する何気ないサービス、礼を省略したサービスが求められると思う。そうすることによって、料理も会話もより一層充実し、楽しむことができる。その結果、心地良く快適な一時が過ごせることになる。

こうしたことに、通じるエピソードを紹介したいと思う。

私の亡き祖母、小笠原日英は、滋賀県近江八幡市の村雲御所《むらくもごしょ》瑞龍寺で門跡《もんぜき》を務めていた。この寺へ常陸宮様《ひたちのみやさま》がお立ち寄りになった際、先代が小笠原流でのお茶の接待をしたことがある。このとき、先代は給仕の人々に、宮様に対して、決して会釈以上の礼をしないようにと厳重に注意をした。宮様に対して、なぜ深い礼をしてはならないのか、それでは失礼ではないのかと尋ねる人があった。

そこで、この「礼の省略」を伝えたという。

宮様は寺にいらっしゃるまでの間、たくさんの方々の拝礼に常に笑顔で応《こた》えておられた。ようやく奥座敷でお休みになるのである。だが、給仕の人々が茶菓をお運びするたびに、深く拝礼をしてしまえば、またその礼にお応えになるとのご配慮から、こころからお休みになることが一時もなくなってしまう、という理由であった。どうしても深いお辞儀をしたいのならば、宮様ではなく、別室に控えているおつきの方々になさい、という説明もあったらしい。

相手が気がつかないうちに、いつの間にか茶菓が運ばれているようにするにはどうしたらよいか。それには、空気のような存在になることである。つまり、給仕する人の存在感をできる限り消すことである。

このように、礼を省くことによって、一層相手を大切に思うこころを表現することができるのである。礼の省略が礼儀に適うことがあるように、柔軟な対応のできる判断力が思いやりに通じる。

また伝書に、
就中《なかんずく》、評定《ひょうじょう》、連歌《れんが》の座敷にては、左右斗《ばかり》へ礼あるべし。

とあるが、現代においても、会議をしているところへ遅れてきた人が、周りの人々にお辞儀をしたり、遅れた理由を述べていたのでは、会議の進行の妨げになる。従って、自分の席の左右にいる人にだけ軽く挨拶をし、全体に迷惑をかけない配慮が求められる。普段から無意識のうちに行っているお辞儀が、家庭において、学校において、オフィスにおいて、その他あらゆる場において瞬時にそのときどきの気持ちを表現できるものであることを認識し、活用していただきたい。

# 察するこころと襖の開閉

「畳のへりを踏んではいけない」と言われるのとともに、「襖《ふすま》の開《あ》け閉《た》て」が作法の代表のように挙げられる。小笠原流では、三度で襖を開ける作法を基本としている。その作法の根底には当然のことながら、部屋の中にいる人へのこころ遣いが存在する。

まず、開けようとする襖の正面に座る。そして、柱側の手、つまり引手《ひきて》に近い側の手を引手にかけ、掌の入る程度に少し開ける。

まず少し開けるのは、中にいる人に、「これから襖が開きます」ということを予告している。こうすることで、中の人は、「これから人が入ってくる」と相手を受け止めるこころ構えができる。また、引手から遠い側の手で開けると身体がねじれ、無理な姿勢をとることになる。従って、近い側の手で開けることは、開けやすいだけでなく、美しい姿勢を保つことができる。

さらに、襖の縁《ふち》に沿って手を下げて、中央まで開けるのだが、そうすると中の人は、いよいよ中に入ってくるということで、身繕《みづくろ》いの確認をするなどの準備ができる。外の人は、互いに顔を見合わせる前に、相手の方が一人なのか、あるいは他の方が同席されているのか、足もとに何かないかなど、中の様子を察することができる。襖の縁の手を下に移動させるのは、上の側を持って開けるよりも物理的に滑りが良く、開けやすいからである。

このようにして、内外ともに、こころの準備ができたところで、もう一方の手で無理なく身体が通れるように襖を開けて、相手と対面する。このとき、手を替えるのは、やはり身体に負担なく開けられるからである。

『古寺巡礼』を著した哲学者の和辻哲郎《わつじてつろう》氏は、襖について次のような定義を示している。「襖は、それをへだてとして使用する人々が、それをへだてとして、相互に尊重し合うときにのみ、へだてとしての役割を果たすへだてである」。

材質も頑丈で鍵《かぎ》のかかるドアにより個人の世界が守られる欧米などと比べ、話し声も聞こえやすく、いつ侵入されるかわからないのが襖の仕切りである。外国人が、この襖がへだてとして存在することに驚くのも当然のことである。

しかし、近年、日本も凶悪な犯罪が増え、和辻氏の言うところの、お互いに尊重し合い信頼し合って、襖をへだてとして使用することが少なくなってきたことは非常に嘆かわしい。なぜならば、日本の文化は襖の文化であるということが「日本人論」などに好んで取り上げられ、明治期には、前述のエドワード・シルベスター・モースが、『日本その日その日』の中で、襖を通して日本人の正直さを説明しているからである。そこで、「日本人が正直であることの最もよい実証は、三千万人の国民の住家に錠も鍵も閂《かんぬき》も、いや錠をかけるべき戸すらないことである。昼間は遮《さえぎ》る衝立《ついたて》が彼らの持つ唯一のドアであるがしかもその構造たるや十歳の子供もこれを引きおろし、あるいはそれに穴を開け得るほど弱いのである」と驚きとともに、はめてもいる。しかし、このようなことが実際あったわけであるから、それだけ当時は平和で安全な暮らしだったのであろう。伝書には、

　御主の御機嫌も知らず、物を披露《ひろう》するは然《しか》るべからず。よくよく時宜《じぎ》を伺《うかが》い候て、何事も申すべきなり。

と、相手のこころを察することなく話しかけることがないように注意している。また、

　女中近き所に、何心なく、伺候は、心なき躰《てい》に候。ものなど仰《おお》せられ候時、心なく御前近く候事有るまじく候。

と、主人の近くに女性がいるにもかかわらず、近づいたり、その女性と話をしているところへ踏み込むことは、こころ遣いがないことで、あるまじきことであると、主人のプライバシーを守ることについての一節が残されている。さらに、

　惣別《そうべつ》、人の物申し候わん時、何となきようにて、そのところをたちのくべし。耳立てして聞くべからず。

と、話し合いをしているような場面に遭遇したときには、何気なくその場を外《はず》すべきであり、耳を立てて聞くようなことのないように戒めている。

　このように、その場の状況を察することなく、相手への配慮をせずに無断で部屋の中に入る

ことなど当時は考えられないことであった。もちろん、立ち聞きはおろか、極秘の話し合いが行われている部屋などへは近づかなかったはずである。だからこそ、襖がへだてとして活かされていたのであろう。

先代や祖母は、曾祖母から、明治の頃は作法についてとても厳しかったと聞いていた。その当時、家令《かれい》などは、かすかに袴《はかま》の音がする程度で廊下を歩いたという。襖の際まで来ると、咳《せき》ばらいよりも軽くしわぶくほどの音をたて、部屋の中の主人に自分が来たことを知らせたという。誰が来たのか、だいたい見当がついていても、相手を迎え入れる準備として姿勢などを正し、「誰か」と問いかける。そこで家令は「○○でございます」と初めて声を出して答え、中の様子を察してから襖を開けることになるというのである。かたちだけにとらわれると、全く意味のないものとなってしまうであろう。しかし当時は、襖を開ける側も開けられる側も、どうしたら相手が不快な思いをせずに、こころを通わせることができるかという術を身につけていたのである。

襖を三度に手をかえて開けることは、現代の日常生活にはなじまない点もあり、かえって嫌みな印象を周囲に与えてしまう恐れもある。昨今、和室に絨毯《じゅうたん》を敷いて洋室のように使用しているお宅においては、座らずに立ったままで一言「失礼いたします」と声をかけて入るほうが自然である。

このように、互いのこころを察することにより、襖の、物理的に壊そうと思えばすぐにでも壊れてしまう弱さを、立派な障壁《しょうへき》として存在させることができる。目には見えない、互いの信頼による精神的な障壁によって、拘束力を持たない襖は、どんなに重厚な鉄の扉と鍵にも優《まさ》るところがあるのではないか。

襖の文化は、平和の文化の象徴であり、この作法に見る「察するこころ」は洋間中心に移り変わった現代にも残されるべきこころ遣いである。

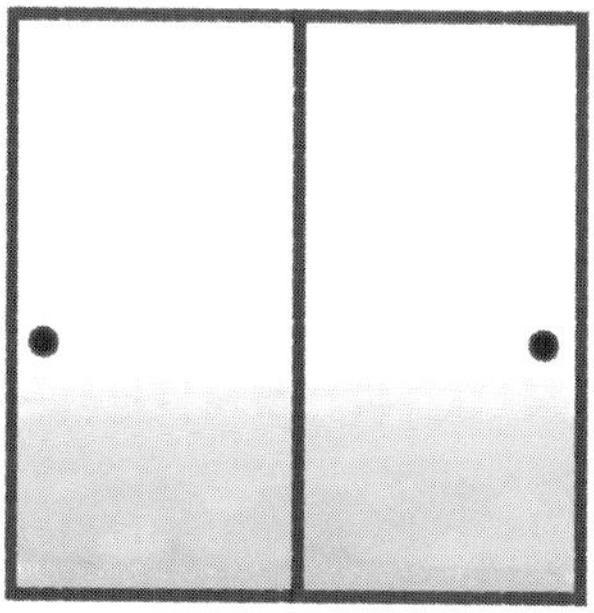

# ものの受け渡し

遠くのものを取ろうとした際、近くの方がそれに気づいてさりげなく渡してくださり、こちらもそれに感謝の気持ちをこめて受け取る。些細《ささい》なことであっても、ものの渡し方と受け取り方は、ほんの少しのこころ遣いで、その場にふさわしい振る舞いが可能となり、人間関係をよりスムーズなものとする。それだけに、昔から重要とされていた礼儀作法である。

前述の小笠原流礼法の原典とも言われる伝書『小笠原礼書七冊《しちさつ》』の中にも、ものの受け渡しを中心とした「請取渡之次第《うけとりわたしのしだい》」という一冊がある。

これは室町期のものであるので、武具や馬や鷹などを渡したり、受け取ったりする場合の心得が大きな比重を占めるため、現代にそのまま通用することは少ない。しかし、刃物やはさみを渡すとき、刃先を相手に向けない、あるいは握る部分が取りやすいようにと、相手の立場に立って渡すことなど、共通する部分がある。その際、刃物を大切に扱おうとすれば、自ずと刃先より少し下のほうを持って渡すこととなる。

刃先を相手に向けないことと似たことに、扇子を使った受け渡しがある。ものの受け渡しは盆などを使うことが基本だったが、盆がないときは、扇子の上にものをのせて受け渡しがされることもあった。

現在でも、金子包《きんすづつ》み（月謝包み、祝儀袋など）を渡すときなどに扇子を使用することがある。このとき、扇子の要《かなめ》を武器の切っ先と考え、要が相手に直接向かないように少し斜《なな》めにして渡すように注意をする。また、自分の持っている扇子を相手に渡す際、相手がそれを身につけるのか、それとも風を起こすために使用するのかで、渡し方も異なってくる。

この他、ものを扱う上で大切なことに、軽いものは重いもののように、重いものは軽いもののように持つということがある。伝書には、

惣じて物を持つに、軽き物をば重き物のように心得て持つべし。下に置くときも、其《その》心得なき時は、下に置く時はずむ物也。重き物をば軽き物の様にしなしたるがよし。目をしかめ、せいを出すふりは見苦しきなり。

と示されている。重いものをいかにも重たそうに運んでくれば、受け取る側として負担を感じることになる。それとは反対に、軽いものを丁重《ていちょう》に、また重々しく扱うことにより、そのもの自身の価値までも引き上げることとなり、ものを大切に扱うこころに通じてくる。

また、花を差し上げることは現在でも行われていることだが、伝書には、

花の受け取り渡しの事。木の時は花を上へなして渡すべし。草花ならば花を下に向けて渡すべし。但《ただし》草花にてもつよき花は横たえても渡すべし。御目にかけるときも大方《おおかた》

同前なり。

とある。桃・梅・桜など木がしっかりしているものは花を上に立てて、草花なら花を下に向けて受け渡しをする。ただし、菊のように茎がしっかりした花ならば、横にして受け渡すようにということである。花を大切に扱うことからも、渡し方を変えている。

また、上下の関係における、ものの受け渡しの作法がある。

卒業式で、校長先生が卒業証書を生徒に渡すとき、上から下への渡し方として、手の甲が上になり、掌が下を向く。生徒は、下から上への礼として、掌を上にし、手の甲が下になるようにして受け取る。まさにこうした作法にピッタリと当てはまることが、伝書の中で「肴《さかな》引きようの事（給仕をすること）」というところに遺《のこ》されている。

肴をのせた膳を運ぶ際、相手によって上の上・上の中・上の下・中の上・中の中・中の下・下の上・下の中・下の下というように九通りのやり方があり、さらにその組み合わせで変化を加えることもできるようになっていた。

手の甲を下へなし、左右の肘《ひじ》を付けて参らするは、事の外賞翫《ほかしょうがん》なり。

というのが上の上に対する礼である。肴をのせた膳を前述のごとく、掌を上に、手の甲を下にして持つ。さらに、膳を持ったまま両肘を畳につけた姿勢で進める。

戦前、先代がまだ伯爵であった頃に旧藩地の北九州小倉《こくら》の旧藩邸に帰郷した際など、先代のところへ給仕の人が膳を捧げ持ち、さらに両肘を畳につけて出されたときは大変に驚いたと聞いている。こうした作法を心得ていないと、ただ窮屈な姿勢にしか感じ取ることができないであろう。

肘をつけないまでも、現代において掌と手の甲に関する作法は、ものの受け渡しにおいて十分活用できるはずである。たとえば上司に書類を渡す際、書類の端を片手で持って渡すことは失礼である。またその際に、伝書にも、

字頭をわが方へなして参らすべきなり。

とあるように、すぐにも上司が目を通せるよう書類の向きに配慮することも当然である。

相手と自分との関係など、あらゆる要素が一つになって、相手が受け取りやすいように、それぞれの作法が成り立っている。この作法を日常に役立てていただければと思う。

第二章

# 個人同士での作法

# 訪問するとき

## 1 訪問の約束

他家を訪問する際、最も大切なことは亭主のこころ遣いを受け止め、互いのこころを交流させることであろう。そのためには、相手のことは百パーセントに考え、自らを七十パーセント程度に止めておき、我意を抑えることが必要である。

この世に客に来たと思えば何の苦しみもなし。

というのは、伊達政宗《だてまさむね》の遺訓《いくん》である。また、

朝夕の食事はうまからずとも誉《ほ》めて喰うべし。元来客の身なれば好き嫌いは申されまじ。

とも語っている。出された料理の味つけが自分の好みに合わなかったとしても、その場では一切そのことを言及しないこころ遣いは、相手との親しさにかかわらず忘れないようにしたいものである。

決して悪気がなかったとしても、たった一言によって、相手を傷つけ、全体の心地良い雰囲気までも壊してしまう恐れがあるのだ。伊達政宗の遺訓が示すように、招かれる側には、客としての心得を身につけておく必要がある。

伝書《でんしょ》でたびたび語られている「時宜《じぎ》よろしきよう、気遣い肝要なり」「時により人によるべし」は、訪問の際においても活用できる心得である。限られた時間の中で、訪問の目的のみを済ませるだけでなく、充実した一時を会話をはずませながらともに過ごすような訪問にしたいものである。それには相手との間柄や、どのような状況下で伺うのかなどを十分に考慮した、細かいこころ遣いが求められる。

訪問するにあたり、事前に心得ておくべきことがある。まず、アポイントメント（約束）なしの突然の訪問は、よほどのことがない限りは避けたい。先方が出かける間際《まぎわ》の訪問などは、相手の一日のスケジュールを壊しかねない。事前のアポイントメントは、手紙が丁寧であるが、通常であれば電話でもかまわない。ご多用の方にはメールを差し上げることも考えられる。いずれの場合も、こちらの目的を相手に押しつけることのないように注意をして、訪問の用件などを告げる。

訪問の了承を得た後、伺う日時も相手の予定を重んじて決めなければならない。また、相手の貴重な時間をさいていただくのだから、場合によっては、どのくらいの時間を頂戴《ちょうだい》したいのかも伝えるべきであろう。

アポイントメントのない訪問は、できる限り避けたいが、事情により急遽《きゅうきょ》訪問をすることになった場合には、事前に電話だけでも入れていただきたい。訪問先では、まずこころからのお詫びと、できる限り迅速《じんそく》に用件を伝えて、お暇《いとま》する。

茶会に招待されたときは、茶会前日までに招待いただいたお礼を、直接伺ったり手紙でお伝えする。これを前礼《ぜんれい》という。茶会でなくとも、待ち合わせの時間や場所を間違えて相手に迷惑のかからぬよう、事前に確認をとりあっておくと良い。

お土産《みやげ》を持参する際は、訪問先の近くで慌《あわ》てて用意することのないように、事前に先方の好みなどを考え合わせ、こころをこめて選んでいただきたい。

## 2 玄関先での振る舞い

訪問する当日は、ビジネスと異なり、約束の時間前に伺うことがないようにこころがける。なぜならば、招く側が約束の時間を目処《めど》に、準備に追われていることも考えられるからである。従って、一般に他家へ伺う際は、定刻から四、五分遅れるくらいのほうが、先方もゆとりが持てるはずである。だからといって、五分過ぎた頃に慌《あわただ》しく伺うというのも失礼なので、玄関前に到着したら一呼吸整えて、髪の毛や襟元《えりもと》が乱れていないかなどをチェックし、身だしなみを整える。欧米のマナーと異なり、コートなどは玄関に入る前に脱いでおく。

呼び鈴を鳴らす際は、先方の応対がすぐにないからといって、何度もベルを鳴らすのは失礼である。ベルの鳴らし方一つにも人柄は表れる。

次に、履物《はきもの》の扱いである。禅寺などの上がり口に「脚下照顧《きゃっかしょうこ》」と書かれているのを見たことがあるという方もいらっしゃるのではないかと思う。足もとに気をつけるだけでなく、履物の扱いが人柄を左右することも十分に心得ておく必要があるのではないだろうか。

多くの方は、玄関に入ってきた方向とは逆に、後ろ向きの姿で、迎えて下さる方に背を向けながら靴を脱ぐ。しかしそれでは礼に欠ける。正面を向いたまま上がり、相手に背を向けないようにして、靴を揃えていただきたい。

また、玄関で長々と挨拶をすることは避け、丁寧な挨拶は、部屋に通されてからするのが良い。

飾りは、その御客の心を請《う》けて飾り申すものに候。

と伝書にあるが、もてなされる側は部屋の中だけでなく、玄関に飾られている花一輪にもこころを留めて、感謝の気持ちを持つことが大切である。そのようなもてなしのこころ遣いに気がつくことにより、時に会話の糸口になることもある。

ここで、玄関と関係のあるドアについての話を紹介したい。最近は引き戸の家が少なくなり、洋式のドアへと変化している。しかし、いまだにこうした洋式のドアにおける礼儀作法が確立されていない。

鷲津美栄子《わしづみえこ》氏の『しつけ喪失の国ニッポン』の中で、外国人がドアを開閉する際の気配りの仕方は、老若男女《ろうにゃくなんにょ》、教養の有無《うむ》を問わないとしている。さらに、海外に長く駐在した人の子供が日本へ帰国してから、どこかのビルの入口で悲鳴をあげたという体験談が書かれている。二、三歳の頃から海外で暮らしたその少年は、在欧中に身につけた習慣で自分が通ったドアを後ろの人のために押さえていた。しかし、後から入ってくる大人は、ドアを押さえようともせずにくぐり抜けていき、少年はまるでドアボーイのようにいつまでもドアを押さえたまま身動きがとれなくなった、というのだ。

実際、このような体験をなさった方も多いのではないかと思う。それは、日本人のドアに対する礼儀の盲点であり、周囲への思いやりを持ち続けることを忘れてしまっているからである。ドアを通る際、自分の後ろに続いて通る人がいることに気づくとともに、この少年のこころ遣いを是非思い起こしていただきたい。

### 3 入室とお茶の作法

さて、上座《じょうざ》・下座《げざ》については後ほど詳《くわ》しく触れたいと思うが、部屋に通されてから、特に席を勧められた場合以外は、下座に座るのが基本である。また、相手のことを重んじるあまりの遠慮のし過ぎは、かえって失礼になり得るので、勧められたら遠慮はほどほどにして指示に従う。

また、部屋まで案内して下さった方に勧められ、座布団や椅子に座ることがあっても、訪問先の相手が部屋に入られたら、そのまま座った状態で挨拶することは大変失礼である。従って、椅子でも座布団でもその下座脇に外《はず》す。その際、座布団は、先方が用意して下さったもの、つまり相手のこころがそこには存在している。だからこそ、それを足で踏みつけるようなことだけは避けなければならなく、自分で勝手に動かして良いものでもない。椅子の場合は、相手が入ってきたら即座に立ち上がれるよう、浅めに腰掛けることが望ましい。また洋室の場合、相手がいらっしゃるまで、椅子に掛けず、立ったままで待つことも場合によっては丁寧で良いとされる。

いずれにせよ、脇に外れたら、まずこころをこめた挨拶を交わすこととなる。

さて、次に飲物を勧められて、コーヒーと紅茶のどちらが良いかと尋ねられたとき、

「コーヒーで結構です」

「何でも結構です」

は失礼な返答である。おそらく、訪問する側の立場で自分の好みまで告げるのは恐縮である、という遠慮の表れであろう。しかし、先方は好みのものを選んでいただきたいと思っているはずである。だからこそ、

「恐れ入りますが、コーヒーをお願いいたします」

とはっきり答えたい。自分の意思を相手に伝えることも必要なのである。

自分の好みまでも相手に察してもらおうとする遠慮は、本来の遠慮と意味が異なってしまう。遠慮のさぐり合いではなく、親しみを持って率直に話し合える雰囲気をお互いが作り出すことが、慎みのある「遠慮」につながっていく。

「遠慮」は字のごとく「遠き慮《おもんぱか》り」である。相手の迷惑とならないようにこころを配ることを指す。従って、用意して下さったものに対して、冷たいものは冷たいうちに、温かいものは温かいうちにいただくことも礼儀である。

遠慮については「三辞三譲《さんじさんじょう》」と言って、勧めるのも遠慮するのも、互いに三度までという考え方がある。それ以上になると、勧める側は押しつけがましかったり無理強《じ》いをすることになり、遠慮する側は度が過ぎるとかたくなな態度と見られてしまい、かえって失礼であるということである。

改札口において、友人同士でどちらが先に改札を通るのかを譲り合っている光景を見かけることがあるが、三辞三譲が過ぎると、周りの迷惑にもなりかねない。

また夏の暑い日に、ほど良く冷えたおしぼりと冷茶を出して下さったのにもかかわらず、時間を置いてからいただいたのでは、もてなしのこころを無視したことになってしまう。

お茶のいただき方について、伝書には次のように示されている。

天目《てんもく》、建盞《けんさん》を台にすえて出すをば、台より取りおろして飲む事、悪しき儀なり。

と、お茶をいただく場合であれば、茶碗をのせた台から茶碗だけを取って飲むことはいけないとしている。さらに続けて、

其故《そのゆえ》は、台にすえねば、手も熱きとて、昔より台をこしらえ候てすゆるを、今取りおろして飲む事は、人のしたる事を、今さら改むるに似てわろし。

と、そのまま茶碗を持ったのでは手が熱いであろうというこころ遣いから台にのせて出されたわけであるから、そこから下ろして飲むことは相手の配慮を無にすることになる。しかし、

さりながら、茶などのぬるき時は、一口、二口ほど飲み候て、台より取りおろし候て、飲みたるもよく候也。いずれも一遍にはこれあるまじく候。

と、最初に台ごと持って一口、二口飲んでみて、熱くなければ茶碗だけ下ろして飲んでも良いということである。

一見、面倒に思える。しかし、このような約束事を、もてなされる側が理解していることにより、もてなす側も自分のこころ遣いを受け止めていただいたという充実感を抱くはずである。もちろん、客としても第一に、台にのせて出して下さったことに感謝するであろう。

このような伝統的な「伝心《でんしん》」を求めることは、型通りのこころ遣いさえも気づくことが困難になってきた昨今において、ますます難しくなりつつある。だが、こころの荒廃が叫ばれる時代だからこそ、共通のルールを見直し、互いのこころが理解できたときの喜びは格別なものに

なるのではないだろうか。

### 4 辞去の挨拶

さて、一般的に長居《ながい》は禁物《きんもつ》である。相手のこころを察し、タイミングよく辞去の挨拶ができるように日頃からこころがけていただきたい。その際、

「本日はご馳走になりましてありがとう存じます」

と食事のお礼だけではなく、

「久しぶりにお目にかかれましたうえ、楽しい一時を頂戴いたしまして、こころより感謝いたします」

と訪問全体に対するお礼をお伝えするべきである。最後まで、相手へのこころ遣いを忘れてはならない。

こうした細かなこころ配りを面倒と思わず、こころの交流をはかるための常識と受け止め、相手や場に合わせた自然な振る舞いを発揮いただければと思う。

# 来客を迎えるとき

## 1 お迎えするこころ

「明日は、お客様がいらっしゃるから掃除をしなければ。茶菓のしたくはどうしようか」などと、重荷に考えたのではこころのこもったもてなしはできない。訪問者の好みの花がわかっていればその花を飾ったり、それに合わせてテーブルクロスの色を選んでみるなど、その日のテーマを決めて、しつらえを考えるだけで楽しくなるものである。しかし、それはさりげないものでなければならず、「あなたのために用意しました」ということが全面的に表されるがために、相手の負担になってしまうことがあってはならない。

伝書に、

惣別《そうべつ》かようの飾りは、その御客の心を請《う》けて、飾り申すものにて候ゆえ、定法《じょうほう》これなく、大方この類のものを飾り申し候。万事躾《しつ》け方にこの心得多くこれあり。

と相手のこころを受けてのサービスが根本とされる。

また屛風の立て方について、

屛風の立てようのこと。墨絵と彩色絵あらば、まず墨絵を上に立て、その次に彩色絵たるべし。

と墨絵を上として考えられている。これは、ただ「地味《じみ》」を重んじているのではなく、精神の向上や和室全体と屛風との調和が第一に考えられているからであろう。これは、日本人が床《とこ》の間《ま》に掛軸を飾る際に、壁の「点」として、つまりアクセントとして掛軸を用いるのではなく、床の間に沈み込むような「面」としての使い方を愛してきたことからも理解できる。従って、控えめな調和が重んじられてきたのだ。

千利休の、

叶《かな》うはよし、叶いたがるはあしし

ということばのように、わざとらしい趣向や、それを目立たせるための振る舞いは、本来あるべき趣を消してしまう。

利休が丿貫《へちかん》という茶人の誘いを受け、茶室に通じる露地《ろじ》を歩いていたときのことである。少しこんもりしたところがあり、足を踏み入れるとそこは落とし穴になっていた。穴に落ちた利休が泥まみれになっていると、丿貫が来て、新しく沸かした風呂まで案内された。風呂に入った後、用意された着物を着て、茶室に行くとそこにはちょうどよく茶が点《た》ててあった。

しかし、落とし穴に気づいていながらわざと落ちたのではないかと思った弟子が、利休に問いただしてみた。すると、大体の見当はついていたものの、その穴に落ちないことには亭主の趣向を無にすると思ったがゆえ、自然に落ちたのだと答えたという。これは数ある利休の逸話《いつわ》の一つである。利休がこうした少々行き過ぎた趣向を受け止めるだけのこころのゆとりがあったからこそ、大事に至らず、こころからこのもてなしを受け止め、それに応えたのであろう。

このように、もてなしを受ける側の心得により、もてなしが活かされるわけである。しかし、いくら相手が寛大なこころを持っていようとも、心地良く過ごしていただきたいと思う配慮を忘れてはならない。趣向も度が過ぎてはかえって鼻につくこともある。

「叶うはよし、叶いたがるはあしし」は、どのような場合にも当てはまることである。前述の通り、相手を百パーセントとしたら自分を七十パーセントくらいに考えるというのは、卑屈になるということではない。積極的に相手を大切に思い、それを表現するためのこころ構えが必要ということである。

それには、相手が今どのようなことを望んでいるのだろうか、などと相手のこころを理解しなければ、作法というかたちで結ばれることはない。実際のところは、相手に対して百三十、四十パーセントくらいのこころ遣いができるようなこころのゆとりがなければならない。

利休が大徳寺の和尚の送別茶会に、秀吉から預かっていた名品「虚堂《きどう》の墨蹟《ぼくせき》」を無断で茶会の床に掛けた逸話がある。この和尚は、秀吉の勘気《かんき》を受けて追放されることになっていた。従って、利会は茶会に出席するだけでも一大事であるにもかかわらず、秀吉から預かった軸まで掛けたのだ。おそらく、命を張ったこの茶会は、ことばを交わすことなく、互いのこころを通い合わせることができたのであろう。このこころの通い合いはまさに、茶道において、客をもてなす側の亭主のこころとそれを受け止める側の客のこころの交流を指す、「叶い合う」である。互いが叶い合うには、もてなす側の趣味趣向のみならず、もてなされる側にもそれを受け止めるだけの器を持っていなければならない。

もう一つ、こころの交流の例として、利休にまつわる話を紹介する。利休は、上林竹庵《かんばやしちくあん》という茶人から数度にわたって茶会に招かれていたので、ある時、数人の弟子を連れて出かけた。竹庵は、利休を大変に尊敬していたので、喜んで迎えた。しかし、茶を点てる段になると、感激と興奮で手がふるえてしまい、茶入《ちゃいれ》を落としたり湯をこぼしたりしてしまった。弟子たちはこれを見て笑っていたが、利休は端然と座り、出された茶をいただいた。後日弟子たちが竹庵の失敗の様子を面白がっていたところ、利休は、自分の訪問を喜んだあまりの乱れであって、もてなしのまごころに変わりはない、むしろそれだけ感激してもらったことが光栄である、と弟子たちを諭《さと》したという。

思わず知らずかたちばかりに拘泥してしまいがちであるが、このようなこころの触れ合いを示す利休の逸話は私たちに多くのことを語ってくれる。こうしたこころのあり方は、礼法の基本に通じている。

## 2 お茶のもてなし

さて、こうしたこころ遣いを基本として、実際に客を迎えるにあたり、どのようなことをこころがけるべきであろうか。

お客様をお通しする部屋の雰囲気を整えることをもてなしの第一歩と考えると、まず、掃除が挙げられる。不潔な印象を与えることは、すでにもてなしとは言えない。従って、清潔感を保つことが大前提であろう。

玄関はその家の顔ともなり、家全体に対する第一印象を決定づける大きな役割を持っている。従って、靴が脱ぎ散らかしてあったりゴミが落ちていたりすれば、訪れた人に悪い印象を与え、不快な思いをさせることになる。

一般的に現代の住宅は、昔と比べ玄関の大きさも縮小されている。しかし限られたスペースの中でも、客に対するこころ遣いは変わることがない。暑い日に訪れた客にとって、玄関先の打ち水やたたきを水で洗い流すことは、暑さをいやすことにもなるであろう。

マンションなどでも、ススキ一本、花一輪でも飾ることによって、さりげなく季節感を取り入れてお客様を迎えたい。冬であれば、お客様が外されたコートをたたむ前に即座にお預かりできるよう、コートハンガーを用意する。また、雨の日には傘立やタオルも必要である。訪問のところで触れたように、客は靴を揃える心得が必要であるが、もてなす側としては客がそうする前に、「どうぞそのままで」の一言をお伝えしたい。

部屋にお通ししたら、上座にお座りいただくように、こちらから勧める。

茶菓は、基本からすると、客の下座側から差し上げるものだが、そのときの状況などにより適宜に判断してよい。また、お茶一杯にもこころのこめ方がある。玉露《ぎょくろ》などの場合、急須《きゅうす》にお茶の葉を入れ熱湯《ねっとう》を注げば、味も、香りも、色も損ねてしまう。玉露は六十度から七十度、煎茶《せんちゃ》は七十度から八十度、番茶《ばんちゃ》は熱湯でいれるということを目安として覚えておくとよい。お茶の種類により、その性質を理解して、おいしいお茶をいれたいという気持ちを忘れないようにこころがける。また、気候や温度、相手の様子によっても、温かいお茶にしたり、冷えた麦茶にするような配慮が欲しい。

講談の「太閤記《たいこうき》」にある話であるが、ある暑い日、秀吉が山寺を訪れ、茶を小坊主に所望《しょもう》したときのことである。その小坊主は、大きな碗にぬるめの薄い茶をなみなみと出した。ひどく喉《のど》が渇《かわ》いていた秀吉はこれをすぐに飲み干した。

次に出された茶は、いくぶん濃いめに、温かくいれている。

さらに、もう一杯所望すると、普通の濃さ、熱さで出された。

まず、初めの一杯により、喉の渇きをすぐに鎮《しず》めていただこうとする。喉の渇きがおさまると、だんだんと茶の味が楽しめるように配慮されているのである。ことばがなくとも、小坊主のこころ遣いが手に取るように伝わってくる。

これが機縁となり、小坊主はやがて秀吉の重臣に引き立てられていったという。この小坊主こそ、石田三成《いしだみつなり》である。秀吉が、信長の草履《ぞうり》を懐《ふところ》で温めた話に似ていて、眉唾《まゆつば》めいているともいわれるが、非言語的コミュニケーションの例にもなるエピソードである。

相手のこころを素直に受け入れることが難しいこともあろう。そうしたとき、互いのこころを通わせるための共通の約束事としての作法がある。もしも秀吉が三成のこころ遣いを受け止められず、「なぜこのようなぬるい茶を出すのか」と言っていたら、二人のこころが通い合わなかっただけでなく、日本の歴史が変わっていたかもしれない。

## 3 食事のもてなし

さて、茶菓以外に、食事やお酒でもてなすこともある。もちろん、客としては、あらかじめ食事に誘われていたのでなければ、食事の時間に当たらないように訪問し、お暇するのが基本的な心得である。しかし、場合によっては、早くに辞去するつもりでいても、「少しばかりですが、お食事も用意しておりますので、是非ご一緒に」という誘いがあるかもしれない。また、知人と食事をして帰宅しようとした際、「拙宅《せったく》がこの近くなので、是非お立ち寄り下さい」というような、こころからの誘いが数度に及んだ際は、周りの状況を考慮した上で応えるべきときもあろうかと思う。

夜分《やぶん》に、それでなくても申し訳ないという気持ちで伺っているところに、そのお宅の奥様がもてなしの用意のために台所にこもりっぱなしでは、ますます恐縮してしまう。

そのようなときには、すでに食事も済ませ、空腹ということはないのだから、おつまみ程度の軽いものを用意し、会話に加わるくらいのほうがその場の雰囲気も和《なご》むであろう。

また、友人宅に食事に招かれた場合も同じである。食事が終わり、リビングでデザートとコーヒーをということになったとする。後片付けの手伝いはする気持ちがあっても、「どうぞそのままで、リビングへいらして下さい」と丁重な断りがある。強引に他家の台所に入るのは失礼であり、だからといって、いつまでたってもそのお宅の奥様が後片付けに追われるように台所にいたのでは、客としてどのように振る舞ってよいのか途方《とほう》に暮れてしまう。よほど親しい間柄を除《のぞ》いては、お客様に後片付けをしていただくようなことがあってはならないわけで、ならばいかにその場を快適な雰囲気にできるかということに努めることが好ましい。それが迎える側の責任でもあるのではないか。

また、食事に招待する場合、豪華な料理や高級なお酒でもてなすことだけが最高のもてなしとは言えない。高価な食材を使わなくとも、こころのこもった料理にはこころに響くものがある。

どれだけお金をかけたか、ということがもてなしの指標となっているきらいがあるが、こころが存在しなければ、互いの負担が増えるばかりである。

## 4 こころから見送る

さて訪問者から「そろそろお暇します」と挨拶があった場合、もてなす側も、訪問していただいたお礼をこころからお伝えすることになる。「ようやくお帰りになる」というような気持ちがあると挨拶にも表れてしまう。そうなると訪問全体の印象も変えてしまうことになりかねない。最後まで気持ちをこめることが大切である。

お客様が部屋を出られる際には、忘れ物がないかを確認する。コート類をお預かりしていたら、「寒いので、どうぞお召し下さい」とお伝えし、お渡しする。靴はお帰りになる前に、あらかじめお客様の履きやすい位置にセットしておく。靴ベラも忘れずに用意する。

見送りは門の外まで、マンションなどではエレベーターまで見送るほうが丁寧であるが、客によっては遠くまで送り迎えされることを恐縮する場合もあるので、そのときは玄関までが適切であろう。最後まで、相手の目に立つことのない、こころからのもてなしができるようにしたい。

# 上座と下座

## 1 床の間の起源

訪問ともてなし、どちらの側も、上座《じょうざ》と下座《げざ》の心得が必要である。

一般的に和室の上座、下座は、床《とこ》の間《ま》と床脇棚《とこわきだな》によって決められる。

室町時代の建築は、寝殿造《しんでんづく》りから書院造《しょいんづく》りに移行する時期であった。中国で学者を集め書を講《こう》じたところ、寺院で仏書を講じたところはそれぞれ書院と呼ばれたことなどから、書院の名が起きた。

鎌倉時代以来、禅宗が伝わり、寺院に書院が設けられた。その後、書院を模して武家の家が建てられるようになり、室町末期から桃山初期にかけて、武家の標準的な住宅形式として確立されていった。

また、寺院の書院が伝わる以前に、書院に似た小部屋が書院座敷に移行したとも考えられる。

床の間、棚、書院が設けられているのが、書院座敷の特徴である。室町時代の武家では、客をもてなすための部屋の飾り方は、この特徴を生かすことに重点が置かれた。正式の書院座敷では、飾るものも細かく決められていたが、普通には、書院床飾りの次第。硯《すずり》、墨、筆、筆架《ひっか》、軸の物にても、または、歌書にても何なりともかようの類のもの。
床には三幅《さんぷく》、三瓶《さんぺい》。
違い棚は、硯箱、料紙、香盆《こうぼん》、香炉《こうろ》、香箱、香匙《こうさじ》、火筋《ひすじ》、かようの類のもの。盆山（盆景）是は書院床にも、または違い棚にも事により飾り申し候。

となっていた。

書道具が重要視されているところに、書を講じた書院本来の用途がうかがえる。

香道具は本来、宗教的な用途に用いられたが、すでに平安時代から、香をたく習慣が空薫物《そらだきもの》として上層階級に普及していた。香は、空間を清浄にするという考え方があったので、こうした信仰と実用が重なって、書院に飾られるようになったのであろう。

このように、武家の書院座敷の床の間を、禅宗の影響を強く受け、仏教信仰と密接なつながりを持つものとし、仏壇を床の間の起源と考える説がある。

一方、「押板《おしいた》」と呼ばれていたものが、床の間の起源であるとする説もある。押板は、幅一《いっ》間《けん》から三間、奥行一尺五寸から二尺であったが、それが床の間として現在のような幅一間、奥行三尺ほどになったのは桃山時代、あるいは江戸時代初期の頃からと言われている。押板には僧家の影響で仏画像を掛け、三具足《みつぐそく》（花瓶《かへい》・燭台《しょくだい》・香炉）を飾り、礼拝することが多かった。

さらに仏画像に代わって、高僧の墨蹟などが掛けられるようにもなった。

また、室町時代に中国との交流が深まるにつれ、書画や工芸品などが渡来し、そうしたものを効果的に鑑賞する場所として、発達したとも言われている。

信仰の対象として、また芸術鑑賞の場として存在したと考えられる床の間だが、さらに上段の間を床の間の起源とする説もある。

書院造りの床は、違棚《ちがいだな》や書院よりも一段低いところに位置するとともに、普通のゆかよりも一段高くなっていたことなどから、高貴な方の座として用いられていた上段の間が床の間に変化したとする説である。二条城の書院や太閤秀吉が座ったとされる残月亭の上段の間など、ここは臣下に対して権威を示すために使用された面がある。

このようにいくつかの説があるが、床の間が一般に普及するようになったのは、茶道の影響もあって、掛軸を主とした書画の鑑賞が流行するようになってからである。

## 2 上座と下座の考え方

床の間を礼拝の場所と考えれば、座敷の最も上位ということになる。従って、上座は床の間を背にした位置、客位は床の間の側《がわ》、主位（主人の位置）は床脇棚の側となる。

また、床の間と床脇棚の位置により、本勝手《ほんがって》、あるいは逆勝手《ぎゃくがって》と呼び方も異なる。それに伴い、上座の位置も変わる。床の間が向かって右、床脇棚が左に位置している場合は、本勝手である。この作りでは、上座（客位）は向かって右、下座（主位）は向かって左になる。逆勝手は、床の間と床脇棚が逆になるのに準じて、上座と下座も位置が入れ替わることとなる。

室町時代の足利将軍家の権威をもって、宋《そう》・元《げん》渡来の文物《ぶんぶつ》を格付けし、さらにその飾り方を定めて記した『君台観左右帳記《くんたいかんそうちょうき》』によると、床の間に観音・龍・虎の三幅が飾られることが正式であったようである。その際本勝手で、中央（中尊）には観音、向かって右（客位）には龍、向かって左（主位）には虎が掛けられた。

前にも記したが、現代においては和室の減少により、床の間のあるお宅が少なくなっている。また和室はあっても、間取り等の関係上、床の間が廊下や台所に近いことがある。このような場合は、床の間に近いところが上座とは限らない。床の間がない場合、一般的には出入口から遠いところを上座とする。また、庭の眺めなどの良い位置が、本来の上座となる位置と異なった場合は、景色の良い席を勧めるべきであろう。また、逆光で客が心地良く過ごせないような場合は、いくらその席が上席であっても勧めるべきではない。

従って、基本的なことは理解した上で、出入口の位置や、景色、光線の具合等、そのときどきの状況により、最も過ごしやすい位置を判断し、お勧めすることが必要である。

こうした心得は、洋室にも通じる。洋室の場合、基本的にはマントルピースのある側が上座とされている。だが、現実にはほとんどの場合マントルピースはない。従って、これも出入口から遠いところを上座、近いところを下座とする。

ソファーは、二、三人で腰掛けるものと思われがちだが、「一人でお座りになり、くつろいでいただきたい」というこころ遣いがこめられている。従って、ソファーはファーストシートであり、肘掛のあるアームチェアーはセカンドシートである。こうしたことも考慮に入れ、さらに前述の通り、過ごしやすい環境を作ることが大切である。

さて、プロトコル（国際儀礼）でも席次が大きな比重を占めており、フランス式と英米式がある。

フランス式は、ホストとホステスが長方形のテーブルの長い側の中央に向かい合って座り、さらに主賓《しゅひん》の男性はホステスの右、女性はホストの右に座る。

英国式は、ホストとホステスは長方形のテーブルの短い側に向かい合って座る。主賓の男性はホステスの右、女性はホストの右とする。中央の席が最も下座となる。

どちらにせよ、プロトコルでは右が上座、左が下座となることが基本である。

日本には、公式席次と儀礼席次がある。公式席次は諸外国に応じた暫定《ざんてい》席次である。儀礼席次は公式席次の対象にならない要人のために与えられるのだが、社会的地位や年齢などを考慮して決められる。

さて室町時代と比べ、和洋折衷《せっちゅう》の現代の暮らしの中では、上座と下座を判断することは難しくなったのかもしれない。室町時代では、上座、下座の心得が常識であったのか、伝書にも上座と下座に関して細かく述べられているところが少ないようである。たとえば、

座敷に花、見物のこと。……三瓶あらば、中を見、その後客位を見、主位にて見納めるなり。

とあるように、花を見るときや軸を掛けるときにおいての客位や主位の心得などが、何度か説明されているくらいである。

もてなす側としては、お客様が心地良くくつろいでいただける場所を提供する。客としては控えめなこころを持ちながら、もてなす側が上座として勧めてくれた位置を絶対の上座として振る舞うことが、現代の上座と下座に対する大切な心得となるであろう。

## ものを大切に扱う

茶会において、指輪や時計といった類《たぐい》のものは、外しておくのが作法である。控えめに装うべき場において、目立つアクセサリーを身につけることは、

目に立ち候わぬこそ躾《しつけ》とは申すなれ。

という伝書のことばに反し、不躾《ぶしつけ》な態度になってしまう。

このことばのように、慎みのこころを忘れたこれ見よがしの態度そのものが、茶道のこころに反しているのだが、指輪を外すことにはもっと合理的な理由がある。

どのような場においても、道具を大切に扱うことは忘れてはならないことである。茶会では、茶碗や棗《なつめ》など、用いる道具すべてに亭主のこころがこめられている。まして傷つきやすいものが使用されている。従って、亭主のこころを受け止め、道具に指輪が当たったり擦《こす》ったりして傷がつかぬようにと思えば、自然と指輪を外す作法が生まれてくる。

また道具の鑑賞の際、姿勢を低くして拝見することは、万一落としても傷つくことのないようにという用心のためでもある。

このように、道具を大切に扱うことを初め、さまざまなこころ遣いが茶の作法には見受けられるが、茶の世界のみならず、こうしたことは日常生活にも重要なことである。

外国でショッピングをするときに、日本人が最も店員に嫌われることの一つは、店内で勝手に商品を手に取って見ることである。もしも気に入ったものがあれば、店員に頼んで、飾ってある棚から取ってもらうのがマナーである。また、お客様は神様であるという錯覚でもあるのであろうか、横柄《おうへい》な態度になりがちである。しかし、外国においては、客も店員も対等と考えられている。

こうした考え方は、外国に限らず、商品を大切に扱うという気持ちを養うためにも、実践すべきではないかと思う。

以前、ある店で次のような光景を目にした。ハンドバッグを手に取って見ていた人が、「どうしよう、指輪で引っ掻き傷をつけてしまった」と連れの人に告げた。彼女らは店員が近くにいなかったこともあってか、そのまま店を後にしたのである。傷のついてしまったバッグを置いて店を去ってしまったという道徳的観点からも、もちろん問題がある。だが、それ以前に、一見して傷つきやすい素材とわかるバッグを、ものが引っかかりやすいデザインの指輪をはめた状態で触れること自体に問題があるのではないかと思う。店のものは自分のものでないからという思いがあるのだろうか、つい無造作《むぞうさ》に扱ってしまう。

また、百貨店などではさまざまなものがガラス越しにディスプレイされている。ガラス磨きの経験がある方はおわかりだと思うが、一点の曇りもなく、ガラスを美しく磨き上げることは手間のかかる作業である。

買物に夢中になると、ガラスケースや並べられている商品の上に荷物を置いてしまうことがある。だが、店の側になって考えてみると、たとえ軽いものであったり傷つかないものであっても、ガラスを汚されたり、商品の上に荷物を置かれることを好むはずがない。

伝書でも、

塗床《ぬりどこ》などは手をつけぬものなり。また鼻息のあたらぬように心得べし。かようの気遣《きづか》い万事にこれあるべき候。

とある。きれいに拭《ふ》かれた塗床などに指紋をつけてしまったり、鼻息で曇らせたりすることがないように十分なこころ遣いが求められていたのである。

買物をするときにまで作法を気にしなければならないのか、という意見があるかもしれない。だが、常に相手の立場に立ち、誰もが心地良く過ごせるようにとこころを配ることを基本とする礼法の見地からすると、他人のものを汚したり、無造作に扱うことは配慮が足らないこととなる。なぜならば、ものの価格や価値によらず、他人のものを粗末《そまつ》にすることは、相手のこころまでも軽視することになるからである。

現代はあまりにも物質的に豊かなため、ものを大切に扱うこころが薄らいでいる。新製品が発売されると、今まで使用していたものを時代遅れのように感じ、簡単にゴミとして扱うことが日常茶飯事《さはんじ》のように行われつつある。だが、自分にとってはすでに意味を持たないものでも、他人には大切なものであるかもしれない。相手のこころを思いやることにより、もの一つを扱う振る舞いにも、温かさが表れるはずである。それはいかに高価なものを身につけていることにも優るであろう。

# お抹茶をいただくとき

茶道を嗜《たしな》まれない方にも、「お茶をいただくときには、茶碗を回すもの」と知られているようである。だが、実際にお茶をいただく段になると、「右回りか、左回りか」と回す方向がわからなくなると同時に、そのことに窮屈な印象を持ってしまう。こうした作法はなぜ生まれたのだろうか。

早春、久しぶりに薄茶《うすちゃ》の好きな幼なじみが訪ねてくるとする。

「確か、彼女の好きな花の中で今の季節にピッタリの花は水仙だから、茶碗は水仙が描かれているものにしよう」

と茶碗を選び、茶を点てて出すことになる。すると相手も、

「私の好きな花を覚えていてくれて、しかも季節に合わせて茶碗を選んでくれた」

とあえて説明をしなくても、そのこころ遣いに気づいてくれるであろう。

亭主がこころをこめて選んでくれた水仙の絵柄の茶碗。その絵柄を正面にして勧められる。絵柄に直接口をつけたのでは、せっかくの配慮を無視したことになる。そこで、直接口が当たらぬようにと正面の絵柄をずらすために茶碗を回す。お茶をいただき終わったら、自分のため

に選んでくれた茶碗をもう一度拝見した上で、亭主のこころを受け止めようとするならば、自然と茶碗を自分の正面に戻すことになる。さらに、この茶碗を亭主に返すとき、やはり相手に正面を向けて返すことが礼儀となるであろう。

このように、互いのこころを通い合わせることが基本である。こうしたことに、自然に気づけば、茶碗を回すことも窮屈と思わなくなるのではないだろうか。このこころに重点を置くなら、茶碗を回す方向はどちらでもよいわけで、正面を外すこころ遣いが大切なのである。

頂戴《ちょうだい》いたしますと挨拶し、右手で茶碗を取って左の掌《たなごころ》にのせる。右手で茶碗を向こうから手前に時計回しで二回ほど回し、いただく。いただき終えたら、飲み口をぬぐい、茶碗の正面が自分に向くように先ほどとは逆方向に回し、畳の上に置く。

これはごく簡単にこの程度の心得でいただけば良いであろうというところからの説明である。

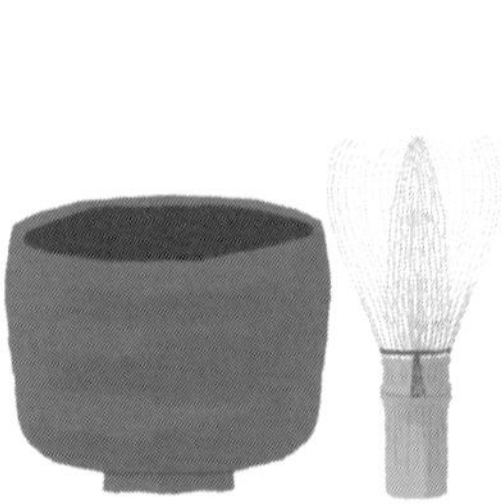

こころの交流を無視して、急場しのぎのために、訳もわからず、作法だけを丸暗記しようとすることがあるかもしれない。しかしこれでは、茶道においても、また礼法においても、作法にしばられた窮屈な印象を強めるばかりである。

相手とこころを通わせるための取り決めが作法であり、こころの交流に作法の真の意味がこめられている。

## 来客を見送った後には

友人宅を訪れ、会話もはずみ楽しく過ごした後に、その日のお礼を伝えてお暇するときのことである。全く悪気がなくても、マンションのドアを出るなり、後ろで鍵を閉める音が聞こえると、楽しい気持ちが一瞬にして後味の悪いものとなってしまう可能性がある。

人を送り申す次第は賞翫《しょうがん》の方をば次の座にて一送り、縁にて一送り、庭にて一送り、これ第一なり。なおも敬《うやま》い候得《そうらえ》ば門外までも出られ候。

と伝書にあるが、貴人《きじん》には部屋、縁側《えんがわ》、庭で見送り、さらに敬うのであれば門まで行って送ったのである。また、同輩に近づくにつれ、その次御座敷にて一送り、縁にて一送り、これ第二なり。

となり、さらには、
次の座敷まで出候て一送り、これ第三なり。

と、身分の上中下で見送り方も異なった。このように、昔は迎えることだけでなく、見送ることにまで細やかなこころ配りがなされていたのであった。

さて、一生に一度限りの縁という気持ちで客と接することを、茶道では「一期一会《いちごいちえ》」という。幕末の大老《たいろう》であり大名茶人の井伊直弼《いいなおすけ》は茶事《ちゃじ》が済んでから、客の姿が見えなくなるまで見送り、さらにその後、客を偲《しの》んで茶を点て、一人静かに飲んだという。

現代において、丁重に見送ることは、かえって相手の負担となることもあるかもしれない。見送り方は簡略化されても、お客様がお帰りになったからといってすぐに次の作業に取りかかるのではなく、相手に対するこころを残すこと、すなわち残心《ざんしん》はいつまでも持ち続けるべきであろうし、相手を思えば自ずとそうした気持ちになるであろう。

お客様を見送った後、その方を偲んで、一人で茶を点てていただくということは、もちろん相手にはわからないことである。だからこそ、目に立たないこころの見送り方となるのだ。

見送りに限らず、一つ一つの行動に残心を持つことができると、より一層、振る舞いに深みが出てくる。

# 病気見舞いでの気遣い

病気見舞いに何を差し上げようか、と考える以前に、お見舞いに伺《うかが》うべきかどうか、伺うとすれば何時頃がよいだろうか、など考慮してから行動すべきである。

昔は、お見舞いに伺えないままその方が他界されてしまったような場合には、香典《こうでん》のほかにその代わりとして、さらにお金を包んで添えたとも聞く。それだけ、お見舞いが形式化していた。

現在、一般的には、お見舞いに花や果物を贈るケースが多いようである。個室でない場合は、大きな花束や果物かごを持っていくのは、お見舞いに伺ったことを相手に押しつけているようでもあり、同室の方々の迷惑にもなる。それ以前に、花は花粉の問題などで認めない病院もあるので、たとえ病人が花好きであったとしても避けたほうが良いことも考えられる。また病院の側が、個人情報の問題から病室番号がわからないと受け取りを拒否する場合もあるので注意いただきたい。

さて、鉢植えが「根（寝）つく」に通じるなどというような忌《い》みことばが多くある。「死」や「苦」「終わる」などの忌みことばは慎むべきである。

しかし、語呂《ごろ》合わせのような忌みことばばかりを気にするよりは、むしろ相手が喜ばれるものを贈るべきであろう。私の存じ上げている年配の方は、お見舞いには切り花よりも鉢植えのほうが水の心配がいらなくて良いとおっしゃっていた。

縁起をかつぐ方もいらっしゃるので、念のため忌みことばなど心得ておく必要もある。一方で、しきたりばかりを気にするよりも、病気について詳しく尋ねたりするなど、無神経な態度にならないことのほうが重要である。

O・ヘンリーの短編小説に、次のような話がある。病気で寝ていた女の子が窓の外のツタを眺めていて、ツタの葉のすべてが散るとともに、自分の生命も絶たれると思い込んでいた。とうとう葉は一枚だけになったのだが、その一枚が散ることなく冬を越した。その必死に頑張るツタの葉に励まされたように、春になると女の子の病気は回復する。冬を越した一枚の葉は、実は隣室の画家が女の子の気持ちを知り、ツタの這《は》う向こう側の壁に描きつけたものだったのである。

このように、目に見えるかたちではなくても、相手を大切に思ういたわりのこころがお見舞いの基本である。

入院中は、回診や検査の時間もあり、面会時間も決まっている。また面会できる状態ではあっても、特に女性は面会を避けたいと思う方がいらっしゃるかもしれない。事情によっては、お見舞いに伺わないことが、礼に適《かな》う場合もあるだろう。早くお見舞いに伺いたいと思っても、入院直後や手術直後などは避けるべきである。どうしても気になるのであれば、家族や付き添いの方に見舞い品を届けるなど、違う方法を考えること。

「前きらめき」（次章参照）にならずに、見舞うこころさえあれば、相手のこころに適ったお見舞いのかたちを発見できるであろう。

## 贈答のマナー

社交の手段として、相手に対する感謝の気持ちを品物に託すことは、お中元やお歳暮が代表するように日本人の贈答の習慣に深く残っている。とにかく「贈らなければならない」という思いでするのでは、虚礼《きょれい》廃止を叫びたくなるかもしれない。しかし、ご無沙汰《ぶさた》している方や日頃の感謝を伝えるには、とても良い機会であると思う。

「古来の習慣ではないのだが、周りの人々がするので自分の意志とは別に、贈物をしてしまうが、君主としては恥ずべきことだ」というようなことが花園天皇の日記『花園院宸記《はなぞのいんしんき》』に書かれている。ここからも、宮中にもこうした風習があったことがわかる。

鎌倉時代には、八朔《はっさく》の贈答といって、八月一日に贈答の風習があった。今の九月に当たるが、これは、五節供《ごせっく》に次ぐ嘉日《かじつ》とされていた。この頃は早稲《わせ》が実るので、「田《た》の実《み》の節供」と言われ、早稲の実をかわらけに入れ、協力し合って働いた農民たちがそれをつまみ合い、収穫を祝った。その後、農作物を贈り合うようになったようだが、伝書には、

今日（八月一日）を田のみという事は、たしかなる本説はなけれども、後嵯峨院の御時《おんとき》より普《あまね》く用い来ると見えたり。田にできたる米を人々の方へ遣《つかわ》し始めしよりおこれり。

とある。

さらにこの農民の贈答の習慣が、農村と結びついていた武家の生活にも伝わり、主従関係や縁故関係を確認するためのものとなったのである。室町時代から、特に主従関係の不安定な時期は、「田の実の節供」の田の実が、頼み合う、または憑《たの》みの意味となった。農民の場合と異なり、贈物は太刀、馬など武具が中心となる。

江戸時代には、天正十八年（一五九〇）八月朔日《さくじつ》が徳川家康の江戸入城の日であったこともあって、特に大事に扱われた。八月一日は、大名が白い装束《しょうぞく》で登城して将軍に贈物を献上し、将軍からも賜物《たまわりもの》があるという儀式が行われた。

この風習が一般の人々にも伝わっていったのである。

農民がお互いの協力と収穫を祝うことは、本来の贈答のあり方である。それが、義理やある

種の効果をねらったものになると、かたちのみの贈答になってしまう。そうならないためにも、それぞれにこころをこめた工夫が大切である。必要以上に高価なものを贈れば相手の負担にもなりかねない。

小説家の故山口瞳《ひとみ》氏は、無地の地味な靴下を、いくらあっても困ることのない贈物の一つだと言っている。一方、靴下など直接肌につけるものは贈らないようにとする習慣もある。従って、これは氏独特の贈物観になるが、習慣よりも、こころ遣いを優先させるものと言えよう。日本に古くから続く、贈答にこめるこころ遣い。その基本にもう一度戻って、受け継いでいきたいものである。

## 手紙の書き方

最近は、筆不精《ふでぶしょう》だから、字が下手だからという理由や、手紙以外にも通信手段があることで、手紙を書く機会が少なくなっている。しかし、字の上手下手にかかわらず、直筆《じきひつ》の手紙はこころに触れるものがある。

手紙を書くことを苦手とする方も、いただく側になると嬉しいはずである。また、久しぶりに書いた友人への手紙の返事を、待ち遠しく思ったことはないであろうか。

先日、手紙の返事を書くお時間などないと思われるほど多用な方が、受け取られた手紙や葉書とともに、常に返信用の便箋《びんせん》や葉書を持ち歩き、返事を書くよう努めているとおっしゃっていた。たとえ、印刷されている葉書でも、そこに一言直筆でことばが添えてあると嬉しいものである。

前述の『小笠原礼書七冊《しちさつ》』にも、二冊にわたって「書札《しょさつ》之次第」という手紙についての伝書が遺されている。手紙一つで、命にかかわるようなことが起きかねない時代では、神経を使って書くのも当たり前であったであろう。

> その後は、久しく拝顔《はいがん》あたわず候。本意《ほんい》に背《そむ》き存じ候。何等《なんら》の事共候や。御暇《おひま》の時分参り申し入るべく候。また比辺《このあたり》御次《つぎ》候わば、光臨《こうりん》あおぐ所に候。諸事面上《めんじょう》の時を期し候。恐々謹言《きょうきょうきんげん》。

というのは、伝書中の同輩間の書簡の雛形《ひながた》である。現代風にしてみると、「その後はこころならずも久しくお目にかかる機会がなく残念に存じます。お変わりなくお過ごしですか。お時間がおありの際、一度お訪ねしたく存じます。近くへお越しの際は、是非お立ち寄り下さい。お話したいことの詳細はお目にかかりました折りに。敬具」といったところであろう。

さて、現代における基本的な手紙の書き方は次の通りである。

1　書き出し　「拝啓」「謹啓」「前略」、女性ならば「一筆申しあげます」などもある。

2　時候の挨拶　相手の住んでいる地域との気候の違いなども考慮しながら、季節感と結びついた挨拶にする。

3　相手の安否《あんぴ》を気づかう　「いかがお過ごしでいらっしゃいますか」「ご清祥のこととお慶《よろこ》び申しあげます」など、相手へのこころ遣いを表す。

4　自己の消息《しょうそく》　「元気にしております」など、自分の消息を伝える。

ここまでが前文となる。

5　用件　「さて」「ところで」「このたび」などで書き出し、用件に入る。

この部分が主文である。

そして次からが末文である。

6　結び　「くれぐれもご自愛下さい」など、相手の健康への気遣いのことばである。また、「末筆《まっぴつ》ながらご家族の皆様へよろしくお伝え下さい」など、相手の家族などへの気遣いも、場合によって必要である。

7　結語　「敬具」「敬白」「草々」、女性なら「かしこ」などだが、書き出しとの関連があるので注意する。

ここからが後付けとなる。

8　日付
9　署名
10　宛名　相手によって、宛名の左脇下に「机下《きか》」「侍史《じし》」「御前」「御許に《おんもと》」など脇付けをすることもある。
11　追伸　主文でもらしたことなど、補足したいことを記す。ただし、目上の方には避ける。

便箋と封筒は、白無地が最も正式である。従って、色つきの便箋などに美しい絵が描かれていたとしても、相手や用件によっては、失礼になることもあるので、注意いただきたい。筆記用具は、手軽なボールペンよりも万年筆が正式とされる。

また、それほど重要でない用件にもかかわらず、「親展《しんてん》」や「御直披《おんじきひ》」と書くことは、特に目上の方に対して失礼である。

武家の社会においては、手紙の宛名についても相手との身分関係が基本となっていたため、「殿」や「様」など、同じ文字でもさまざまな使い分けがなされていた。

たとえば、「様」には全部で九通りの使い方がある。上の上に対するサマは「様」、上の中に対するサマは「様」、上の下に対するサマは「様」であり、それぞれを真《しん》（楷書《かいしょ》）、行《ぎょう》（行書《ぎょうしょ》）、草《そう》（草書《そうしょ》）と書き分ける。「サマ」の書き方一つにも、こころをかたちに表現できるのである。

また、目上の方の名を書くときは、墨の色を濃くすることもあった。

礼状や手紙の返事などは、できるだけ迅速に出すことが必要である。しかし、形式的なことばだけを並べたのでは、感謝の気持ちは伝わりにくい。目上の方のお宅を訪問した後、楽しい一時を過ごしたことへのお礼や、相手に対する敬意の念を手紙に託す際、正しいことば遣いができるに越したことはない。だが大切なことは、いかに上手に書くかではなく、どれだけ自分のことばでこころを表現できるかである。それは難しいことではなく、相手に対するこころ遣いがあれば、必ず受け取る側に伝わるはずである。

社会人になって、しばらく疎遠《そえん》になっていた学生時代の友人とも、手紙をやり取りすることであらたな友情が生まれるかもしれない。もっと手紙を活用して、豊かな暮らしに結びつけるようこころがけたいものである。

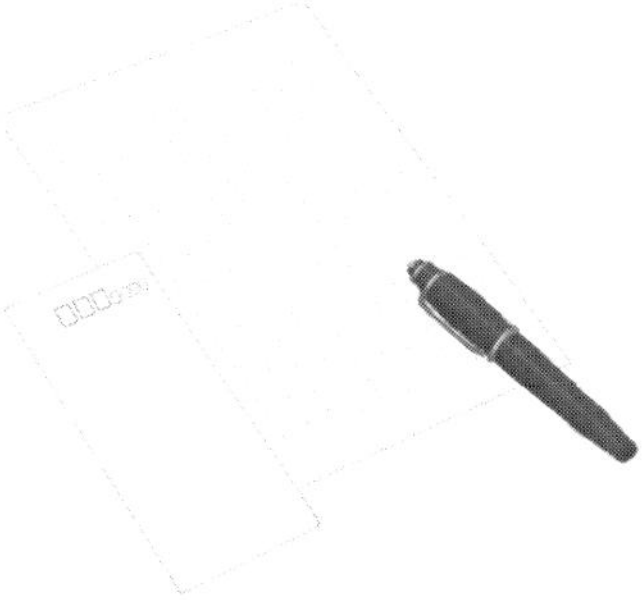

第三章

# ビジネス社会の作法

# 組織に属するということ

今も昔も、他者に仕《つか》えての社会生活が大変なことに変わりはない。小笠原流の伝書《でんしょ》には、現代のビジネス社会に応用できそうなことが数多く見られる。

奉公し候人、さのみ利根《りこん》だてなるもしかるべからず。

これは、仕える者は、自身の能力を得意気にひけらかすものではない、という意味である。組織において、目立とうとしたり、有能さを誇示しようと思うと、よろしくない事態を招くものだ、という戒めのことばであろう。

「前きらめき」ということばがある。己をひけらかすことを指す。こうしたタイプの人は、不自然な言動で集団から浮いてしまうものである。この他に、

理発《りはつ》を表へ立つれば、人のにくみをうけて害をあおぐ基なり。

と「理発だて」という表現で、同じように自分を良く見せようとする態度を戒めている。

組織における個人のあり方に関して、伝書では、

当座、目に立ち申さぬよう、時宜よきようにするを指してしつけと申すなり。

と結論している。目立たぬように、「出ぬ」杭《くい》になるようにという示唆《しさ》である。

これは、「ひたすら控えていなさい」ということではない。必要以上に「自分が、自分が」と主張することは、組織運営のさわりになるのだということを説いている。それは極めて日本的な志向であり、人の真価というものは、暗夜に梅の香《か》の漂うごとく、自然と周囲に知れるものであるという思想に支えられている。日本社会では、才幹は特に主張せずともそれとなくわかるもの、と考えられている。

これが拡大解釈されて、

「世の中は　左様《さよう》でござるごもっとも　何とござるかしかと存ぜず」

となると、サラリーを受け取ることに重きが置かれて日々を過ごすこととなってしまう。ただの処世術《しょせいじゅつ》の術者で職業人生を終わることは残念である。

また、上司のご機嫌取りに精を出すというスタイルについては、今も昔も変わらないところがあるようで、

主人の御気に合い候わんとするは、わろし。さ候《そうら》えば、いかなる不思議も申し入れ、またそつじあることを仰《おお》せらるるをも同心申し……

などとしており、イエスマンと化して、理不尽なことでも「ごもっとも、ごもっとも」と追従《ついしょう》を言うことを戒めている。また、

ひとのうちには、諫臣《かんしん》とて、つねにわろきことをいさめ申す人のはんべるが、なによ

りめでたきことにて、薬は苦《にが》けれどもよく身を助け、毒は甘けれどものちに病をなす。むかしのかしこき帝《みかど》は、諫臣聞きてその人を拝し給えしといえり。

と説いている。これは今も昔も同じであろう。イエスマンの横行する組織は、組織としては不健全なのである。諫言居士《かんげんこじ》を尊ぶ気風の組織は良い組織であるという。

「前きらめき」や「利根だて」にならぬようにわきまえることは必要だが、慎むこころをお追従を言うことと勘違いしてしまわぬよう、組織においては常に自分自身を見つめていくことを忘れないようにしていただきたい。

## 上司とともに行動するとき

上司のお供《とも》で他社を訪問するときには、いかに振る舞うべきか。

基本は「分《ぶん》をわきまえる」ことである。

礼法誕生期である室町時代の封建制度下では、分限《ぶんげん》、分際《ぶんざい》を知ってそれを表明し続けることこそが、武家社会での自己存続につながった。従って、

人は身の程よりも過分《かぶん》に振る舞う事然《しか》るべからず、末重きものはかならず折るるとい

えり。上をかろしめ、おのれをさきとするたぐい、もっともあるべからず。

という訓戒《くんかい》がなされている。

身分が平等とされる現代には通用しないかといえばそうとも言えない。上司、部下の関係を考えると、スムーズに納得することができる。

また、伝書では、単に上下関係の秩序だけを問題にしているのではなく、いくら自分のほうが社会的地位が高かったとしても、年長者を敬うべきこころ遣いについても言及している。これもまた現代にそのまま通用するこころがけと言えよう。

さて、上司と他社を訪問する際は、上司と自分を同格に扱うような振る舞いは避けることである。たとえば、応接室に通されて挨拶をする場合、上司の挨拶が終わり、自分の紹介がされないときには、上司とともに礼をするだけに止める。自分から名乗ったり、挨拶の口上を述べ始めたりするのは出過ぎたことになる。話の途中で紹介されれば、そこで初めて挨拶をして、名刺を出すことになるだろう。

また、上司よりも下座に居ることは当然であり、茶菓が供されても、上司が手をつけるまでは控える。

相手の前で上司と会話をするときは、いつもより心持ち敬語や礼儀を控えることが、相対的に相手への敬意を高めることにつながる。

さらに、時には自身の存在を感じさせないくらいの気持ちでいることが好ましい状況もある。上司と相手の話に割り込んでみたり、さりとて無関心を決め込んであらぬ方向を眺めていたりなど、どちらも不適切な態度であろう。控えていながら、場に参加していることが求められるのである。

伝書には、主人のお供をする場合のさまざまな心得が記されている。現代ではそのまま通用するわけではないが、主人の安全をはかるという意味で、考えさせられることも少なくない。たとえば、曲がり角などへさしかかったとき、

御先へ走り、通り左右を見回し、御通し申すべきなり。

とある。見えないその先に何が待ち受けているか、確認しておくわけである。自動車の安全運転や横断歩道の通行の際の心得に通じるものがある。これは、主人のみならず、老人や子どもなどに対するこころ遣いとしても忘れるべきではない。またこの他に、上から落石などがあっても、常に身を挺《てい》して防ぐ位置にいるようにとも書かれている。こうした自発的な行動がお供をする側には大切であろう。同様に、

川など御渡りの時は、少し川下を渡るべし。

とあるように、川上を歩くことによって、砂や小石が主人のほうへ流れていかないように、また万一主人が流されそうになったとき、すぐにでも助けられるよう、お供が川下を歩くようなこころ遣いをしたのである。しかし、

ただし水など出たる時は川上を渡るべし。

と言い、増水したときは上流からの流木などで害のないように、今度はお供が川上を歩くよう配慮している。何が何でも下流を渡れ、という凝り固まったものではないことがわかる。

お供の中でも特筆すべきなのが「雪隠《せっちん》の御供の条」である。武将が刺客《しかく》に狙われやすいのが、独《ひと》りになるトイレ（雪隠）やバスルームであった。そのような場所にお供するときの心得は、

左に火を持ちて（右手は刀を抜く用意）お先に入りて、あたりを見て、そのあと主人を、入れ申して、さて、われは遠くなく近くなく、伺候《しこう》すべし。

遠くなく、近くなく、という部分がこころ憎い。

また、同様にお風呂の場合も、

惣別《そうべつ》風呂のお供などの時は、脇座《わきざ》も置くべし。但《ただ》し是は湯殿にて召し遣われ候者の事にて候。湯殿へ参候《まいりそうら》わぬ人は股立《ももだ》ちをとり、如何《いか》にも外の用心をするなり。

と、警戒を怠《おこた》らぬこころがけが示されている。要はお供する相手の身にとって、最善の環境を整えようとするこころ遣いが大事なのである。

ここまでお供をすることは現代社会においてはめずらしいことではあるが、主人のお供をする場合、常に状況をわきまえ、判断して行動することはいつの時代も共通である。空気のような存在が、ここでも求められる。

## 「音」への配慮

日本の礼儀の特徴は、自己抑制の発想と言える。

まずは自己の存在を相手に押しつけるかのような、物音や振動といった気配を絶つ配慮が求められる。それは、生理的な欲求を気の向くままに示さないことから始まる。

たとえば暑いからといってむやみやたらに扇子を使うのではなく、

自然難儀《なんぎ》ならば二、三間ひらきて使うべし。皆開きては我心十分に似たり。上を謹む心持ゆえ皆開かずといえり。

と説くように、相手の目の前で自分の思うまま、完全にリラックスしようとするこころを抑制するのである。

このような慎みは、それこそ日常さまざまな行為一つ一つにかかわってくる。

人のめしつかわれ候に心得らるべき事。主人の御座近きところにて高雑談、また高鼻をかみ、戸の開《あ》け閉《た》て荒く、足音高きは尾籠《びろう》のことなり。

という伝書の一節は、慎みのない様子がまさに目に浮かんでくるようだ。これは、相手とまだ顔を合わせない場所にいる際のこころ遣いである。

御前に同候の時、膝を組みぬき、入手《いれで》すべからず。またいかにおかしきことありとも声立てて笑うべからず。

一見、窮屈とも思われがちだが、これは目上の前でなくとも、一般常識として大切なことであろう。たとえば会食の席で、少し離れたところに座っている人たちが、こちらを見て何かこそこそと笑いながら話していると、自分の噂《うわさ》をしているのではないかと感じることがあるかもしれない。まして声を出して笑うともなれば、失礼なだけでなく、相手のこころを傷つけることにもなりかねない。

しかしこうしたことに続けて、

ただし難儀なれば、そと蔭へ向きて鼻かみ、汗を拭《ぬぐ》うべし。

ともあり、どうしようもない場合には席を外してしなさい、と柔軟さを示してもいる。

この音の慎みは、作法の重要な分野である。椅子に無造作に座るのではなく身体の一部が椅子に触れてから座る、コップはどこか一点がテーブルについてから置く、という細やかなこころ配りにより、音を消すことができる。

簡単なようでいて、全方向への配慮が求められる高度な慎みなのである。

## シチュエーション別 ビジネスマナー

いわゆるビジネスマナーは、それこそ無数に存在する。

たとえ同じ行為であったとしても、業種や職種、またそれぞれの会社によっても違いがあり、これと断定することは不可能である。もちろんＴＰＯによってもやり方を変えねばならない。

ここではごく一般的な事柄を取り上げ、基本的な解釈を示すに止める。

◆通勤車内

仕事の業務内容や特定の人に関することは話さない。

事故などで電車が遅れる、あるいは道路が渋滞して定時に出勤できない場合には、可能な限り現地からの連絡を行う。急に体調が悪くなった際も同様である。出社後はすみやかに上司に報告する。

◆挨拶

気持ちの良い挨拶をこころがける。

人に接する場合には、「軽く微笑んで明るく挨拶」が基本となる。自己満足に止まらず、他者に受け入れてもらえるようにするには、一言の挨拶も相手の立場に立って行うことが大切である。

◆身だしなみ

身だしなみは、社会人にとって重要な要素。最も大切なことは、清潔感を保つようにこころがけること。また爪や靴の手入れを怠ると、清潔感を損なうので注意が必要。自分の好む装い《よそおい》、髪型、化粧、香水などが、ビジネスの場においてふさわしいかどうかを考えること。つまり、時・場所・状況に応じた適切な服装は、社会人としての責任の一つであるとともに、オフィスの雰囲気を整え、職場の信頼を高めるものである。

◆お辞儀・立ち居

基本動作でも述べたように、礼のポイントは、首を曲げないこと、つま先を揃えること、手を自然に膝方向に下げること、何度もお辞儀をしないことなどがある。手を組んだままのお辞儀は、不自然である。

お辞儀の深さは状況によって変化するが、九十度まで前傾させるお辞儀を、普段頻繁《ひんぱん》に使うのは行き過ぎである。十五度から深くても四十五度程度を目安にすると良い。

相手の目を見てから上体を傾け、元の姿勢に戻ってもう一度相手を見ること。

手で方向を指し示す場合には、指を揃えて掌《たなごころ》を軽く上に向けるようにする。

◆ビジネス会話

ビジネス以外にも、普段の生活から、その場にふさわしいことば遣いができるようにこころがけたいものである。特に、最近は敬語の使い方がわからずに、尊敬語《そんけいご》と謙譲語《けんじょうご》が入り乱れていることが気になる。

「見る」「言う」を尊敬語と謙譲語で比較すると、尊敬語は、「ご覧になる」「おっしゃる」、謙譲語は、「拝見する」「申す」あるいは「申し上げる」である。

尊敬語とは相手に対し敬意を表する敬語である。「れる」「られる」を語尾につけたり、さらに、「貴社」「貴殿」など呼び方も変わってくる。現在「あそばす」は一般的には使われることが少ないが、美しいことばである。また、丁寧にしようとするあまり、「お読みになられる」と言うのは二重敬語となってしまうので、注意する。

謙譲語とは自分に関することを、へり下って話すときに用いる。話し手側の人（家族や社内の人など）を話題とするときも、謙譲語を使用する。たとえば「母が参ります」「山田がいたします」などが挙げられる。

丁寧語とは語尾に「です」「ます」をつけるが、話題の人の立場を高めたり、低めたりということではなく、聞き手に対し、敬意を表するために使われるものである。「父は明日帰ります」の「ます」は父を高めているのではなく、相手への配慮で使用される。また、語頭に「お」などを用いて話し方そのものを丁寧にして、敬った気持ちを表現することがあるが、これは「美化語《びかご》」とも呼ばれる。「ご挨拶」「お手紙」などであるが、「お」や「ご」は尊敬語としても使われることがある。

敬語の使い方はそれぞれの職場で経験的に覚えなければならない。人によっては入社から時間を経るにつれて人間関係に馴《な》れが生じ、丁寧語すら使わなくなることもある。しかし、社員同士があだ名で呼び合い、若い社員と年輩の社員が馴れ馴れしい口調で会話を交わす光景は、外部の人の目には見苦しくうつることを忘れてはならない。

敬語は人間関係の微妙なバランスの上で成立するもの。そこには話者の知識と経験と人格とが反映する。従ってことば遣いにより、人間性が判断されることになる。それは職場での評価にもつながるため、十分な配慮が必要である。

ここで、注意したいことば遣いに触れる。

訪問時には「失礼致します」と伝えると丁寧である。「失礼します」と言うのは省略形であり、社内では良いが、他社の方に対しては少々くだけた言い方になってしまう。

何かを依頼する際は「すみませんが……」よりも、「恐れ入りますが……」のほうが好ましい。

「とんでもございません」とつい言ってしまいがちだが、「とんでもないことでございます」が正しい使い方である。

「ご苦労様」は目下をねぎらうときのことばなので誰に対しても、「お疲れ様」を用いることをおすすめする。

「私的には……」という表現が増えているが、好ましくない表現である。「私は……」とするほうがすっきりとしている。また「〜のほう」も耳ざわりなことば遣い。方向や比較、あるいは選択するものがない場合は用いないこと。「参考になります」も避け「勉強になります」とする。

ことば遣いは「箸遣いが正しくなくても食事はできる」というのと同様に、慣れないとつい「敬語なんてなくても意思の疎通《そつう》はできる」と考えてしまうかもしれない。しかし、どちらも食事をする、伝達をするという行為のみならず、こころの交流というものが同時に行われて成り立つものではないだろうか。

日本語を母国語にしない人にとって、日本語をマスターするのは大変難しいと言われるのは、この敬語の使い方にある。だが、その一方でこの独特の表現方法を身につけ、その場に応じた使い分けをすることにより、一層こころをこめることができる。

日本文化を支える「ことば遣い」をなくすことなく、さらに次世代に伝えるためにも、ビジネスの場面において、ご自身のことば遣いを見つめ直し積極的に正しいことば遣いを取り入れていただきたい。

◆電話の応対

「電話」は言語的な情報のやり取りだけで成立している。非言語的な情報がない状況でのコミュニケーションは、大変に誤解を生みやすいので注意が必要である。

まず、ベルが鳴ったらすみやかに出るようにし、三回以上ベルを鳴らさないようにすること。それ以上鳴ってから電話を取った場合は、「お待たせいたしました」とお詫びの一

言を忘れないようにする。

ほかのことを行いながら電話で会話を交わすことは、いい加減な印象が先方に伝わると心得る。携帯電話でも、歩きながらや周囲が騒がしいところで話すと、印象が悪いだけでなく、仕事の内容が周囲の人に聞こえているのではないかという心配を相手に抱かせてしまう可能性があるため、注意すること。

電話を取り次ぐときには、「ただいま代わります、少々お待ち下さい」と伝える。しばらく時間がかかりそうな場合には「お待たせいたしまして申し訳なく存じます。もうしばらくお待ちいただけますか」と途中にお詫びのことばを述べる。「少々お待ち下さい」と言ったまま、相手を待たせることのないように注意する。

当人が席を外しているときには、「ただいま席を外しております。戻りましたらこちらからご連絡いたしましょうか」と申し添えるのが丁寧である。

当人が出張中に他社から電話が入ったときは、具体的に出張先を告げることは控える。「○日○曜日に出社の予定でございます。連絡が入りますので、ご用件を申し伝えましょうか」というように、こちらの誠意を伝えること。

電話口では身内の者には謙譲表現を用いる。「○○課長はいらっしゃいません」ではなく「○○はおりません」と表現する。ちなみに「課長」「部長」といった役職名は尊敬語として扱われるので、対外的には用いない。

相手の名前を確認する際には「恐れ入りますが、お名前を頂戴できますか」と尋ねる。「どなたですか」では失礼である。

また、こちらからの電話の場合には、「ご都合はよろしいでしょうか」「お時間を頂戴できますか」などと先方の都合を伺ってから話すこころ配りが大切である。特に用件が長引きそうな場合は忘れてはならない。

会議中に家族からの電話で呼び出す場合には、その場では「奥様からお電話です」とは言わない。「お電話です」とだけ告げ、その場を離れてから「奥様からです」と伝える。

通話中に電話が切れた場合には、かけた側がかけ直すことが基本ではあるが、相手との関係によってはその限りではない。

◆来客の応対

会社の一員であることを忘れずに、誠意をもって応対すること。受付では、「いらっしゃいませ」とお客様に笑顔で挨拶をしてから社名、名前等を確認する。

受付が特に設けられていない場合は、客に不快感を与えないようにそばにいる人が臨機応変に対応する。さらに予約の有無を確かめてから取り次ぐが、予約があれば「○○様、お待ちいたしておりました」と伝える。取り次いだ社員から許諾《きょだく》の返答が来たら、案内する。

担当者が受付まで来る場合、そばに椅子があれば「ただいま参りますので、お掛けになってお待ち下さい」と伝える。このとき、社内にいるかいないかを安易に告げないこと。

◆来客の誘導

応接室への案内は、まず「○○様、ご案内致します」と伝え、手で進む方向を示す。お客様を案内しながら廊下を歩く場合には、お客様の斜め二、三歩前を歩いて誘導する。このとき、完全に背を向けないように、身体を少し客の側に向ける。

同僚とすれ違う際には、仕事やプライベートな会話などはしないことは当然だが、一瞬でもカジュアルな雰囲気が出ないように注意する。

廊下を歩いていてお客様とすれ違う場合には、道をあけるように端に寄り、立ち止まって軽く会釈をし、通り過ぎるのを待つ。

◆エレベーター

エレベーターは、降りる人を待って乗り込む。

案内者は乗り込んだら操作盤の前に立つ。

エレベーターに乗る場合には、さまざまな乗り方がある。

基本は、まずお客様に先に乗っていただく。しかし、すでに何人か乗っているときは、自分が先に乗ってからお客様に乗っていただくほうが良い場合もある。お客様に危険がないようにするためである。

ホテルやデパートのようにエレベーター内に乗務員がいる場合には、お客様に先に乗っていただく。

乗る前に「社長室は五階でございます」などと一言添えると良い。お客様を不安にさせないためである。

◆応接室

お客様を案内する前に、テーブルや椅子が美しく並べられているか、先客の忘れ物がないか等を確かめること。

目的の部屋の前で、「こちらでございます」とお客様に告げる。ドアをノックして開け、お客様に入室いただく。

押し開きのドアの場合には、自分が先に入ってドアを押さえ招き入れる。引き開きタイプの場合には自分は室外のまま、先にお客様に入室いただく。

◆茶の接待

お客様を応接室に案内したら担当者に連絡し、すぐに茶の準備をする。

担当者とお客様が名刺交換を終える頃合いに、茶を出すのが良い。しかし、すぐに担当者が応対できない場合等は、あらかじめお客様に出すこともある。

盆をサイドテーブルかテーブルの下座側に置き、お客様に茶碗の正面を向けて出す。このとき、茶碗の底が濡れていないように注意する。

お客様を先に、自社側の人には後に出す。

お客様の下座側から出すのが基本だが、部屋の作りや状況等により変わることがある。

お茶を取り替える際は、お客様の前の茶碗や茶托《ちゃたく》をサイドテーブルなどにいったんすべて片付ける。その後で、新しい茶を置く。

空《から》の盆は、表を外側に向けて、身体の下座側の小脇に抱えて持ち去る。

面談中の上司や来客に連絡をとる場合には、メモを活用する。ノックをして入室し、小声で「失礼いたします」と挨拶をしてメモを渡す。

## ◆紹介

紹介はそれぞれ「目下を目上に」「部下を上司に」「自社の者を客に」「年下を年上に」とする。同格ならば、「自分と親しい者をそれほどまでは親しくない者に」行うと心得る。

一人と多数の場合には、先に一人を紹介してから、複数を順に紹介していく。

また、レディーファーストということから、男性を女性に、というのが一般のマナーとされる。しかしビジネスの場では男女同格と考えるので、前述の順で良いだろう。紹介は立ち上がって行う。流れは、まずお互いが立ち上がって挨拶を交わし、その流れで紹介を行う。紹介された後は、改めて自分の口から「○○です」と自己紹介をしてから名刺の交換を行う。その後で「お掛け下さい」と促されて、上座の者から着座する。

◆名刺の扱い

名刺は自分自身や、相手自身を表すと考えるべき。従って、角が折れたり汚れたりしているものを渡すことは避け、ぞんざいに扱わないこと。

名刺を出すのは、目下から目上が原則ではあるが、自分から出すようにこころがける。

名刺の一般的な出し方は次の通り。

自分に名刺の正面を向けて持つ。さらに取り回して正面を相手に向け、両手で差し出す。

高さは相手のみぞおちくらいが適当である。

相手と同時に交換する場合は、右手で自分の名刺を差し出しながら、左手で相手の名刺を受け取ることになるが、その際にはなるべくすぐに両手で持ち、軽く押しいただくようにする。

状況により、まず相手の名刺を受け取ることもあるが、その場合はなるべく早く自分の名刺を渡す。

名刺を受け取ったら、名前を確認してから名刺入れに収める。できる限りテーブルに名刺を並べることのないようにこころがける。

また、面談中には名刺に書き込みをしない。

◆他社への訪問

アポイントメントは必ず取る。突然の訪問であったとしても、かならず電話を入れて、訪問の了承を得るべきである。

訪問の時刻は考えて申し入れをする。始業直後、昼食時、終業直前のアポイントは失礼である。できれば前日に確認の電話を入れ、それが難しい場合はメールを送る。

当日は少なくとも五分前には訪問先に到着していること。慌てて到着したため、身だしなみを整える余裕がなかった、ということがないようにする。

◆訪問先で

受付に着いたら、名刺を出して自分の所属と氏名を伝え、訪問相手の部署と氏名、訪問の目的、予約の有無などを告げる。

受付がない場合には、ドアをノックして開けて一礼、入り口に一番近い人に面会を申し入れる。通常は受付に行く前に、コートやマフラー類は取っておくこと。

応接室に通されたら、入り口に近い下座に座る。ソファーを勧められても、中央を避けて入口側に座るなど、慎みの気持ちを忘れないこと。

椅子に座る際には、背中を背もたれにつけないようにこころがける。

バッグ類は下座側に置く。

出された茶菓は、先方に勧められてからいただくとよい。

◆自動車に乗る

自動車の乗車位置を決定する要素は、運転手との関係がどのようなものであるかによる。自家用車でオーナードライバーの場合には、助手席が最上席となる。なぜなら運転者を前部座席に一人きりにしないように、また、運転者を運転手として扱わないようにというこころ遣いからである。

職業運転手の場合、ハンドルの左右に関係なく、後部右側が最上席である。ただし、高齢で動作に不自由がある方や、和装の方には、乗り降りがしやすいよう後部左側が最上席になることもある。また後部中央の座席は、両側を人に挟まれ、窓の外も見にくく、つかまるところもない。こうしたことなどから、後部右側、左側、中央、助手席の順で席は決められる。

以上をふまえて考えてみると、タクシーなどの助手席は最も目下の者が座り、その者が料金の支払いや上席者の乗降の気配りなど、すべての雑務を行う。このとき、目に立つ態度にならないようにこころがける。

第四章

# 家庭で育む思いやりのこころ

# しつけは礼法の第一歩

　現代社会においては、これだけ簡単にさまざまな情報が入手できるようになると、子供の頃から「型」にはめ込まれた人間になってしまうように感じる。山のような情報を見たり、聞いたりすることによって、どれが本当で、何が正しいことなのかを見失ってしまう。

「お受験」ということばを耳にすることが珍しくなくなってしまった。幼稚園生が小学校受験に際して塾に通う状況が良いか悪いかは別として、子供自身がどの学校に入学するのが良いかを判断できない頃に、その子の個性を伸ばし、成長できるであろうと考えられる学校を、親が見極めて環境を作ることに否定はできない。しかしその前提として、「学校」ではなく、「家庭」における「しつけ」が最も重要であることを理解せずに、教育のすべてを学校にゆだねてしまうことは避けていただきたいと思うばかりである。

　たとえば、正しく箸を持てない子供が増えている。いくら稽古で箸遣いを教えても、親自身が手本となる箸遣いを身につけ、実践の場で教えなければ子供にできるはずがない。これは、箸遣いのみならず、「おはようございます」「おやすみなさい」といった挨拶から始まって、日常生活のあらゆることに当てはまる。父親や母親のしぐさがそのまま子供の振る舞いにつながってくる。つまり、家庭でのしつけは学習の結果なのである。

「きちんとご挨拶をしなさい」と、子供を叱っている母親がいるとしよう。だが、いくらその場で強く叱っても、普段から行っていなければ急にできるものではない。大人でも、昨日学んだ和食の作法を、翌日格式あるお店での会食の席で教えられた通り自然に振る舞うことは難しい。付け焼き刃では、どうしてもぎこちなくなってしまうのも当然である。美しい作法は、家庭や周りの環境によって、その人の振る舞いの中についた一種の癖のようになって初めて自然に行われるものである。

従って、こころの素直な子供にこそ、普段とは違う振る舞いを急場の訓練で身につけさせるのは、はたから見ていても不自然で心地良い印象は受けない。一方、子供は吸収が早いので、月に一度の稽古でも数ヵ月すると、それまで玄関に脱ぎ捨てたままだった靴を揃えるようになったり、姿勢やお辞儀もだんだんと身についてくる。しつけというものは、習慣化することが大切であり、学習が大きな要素を占めていることがわかる。

以前は、一生懸命勉強して一流の大学、一流の会社に入ることが幸せな人生コースのように言われてきた。しかし、価値観が多様化してきた今日、何が幸せなのかという人生の目標は様々である。こうした時代だからこそ、肩書きに固執《こしつ》することなく、自分自身を磨き上げることが大切ではないだろうか。自分自身を磨く、というのは、外見ばかりでなく、内面もバランスのとれた人になるということである。

夏目漱石《なつめそうせき》は『草枕《くさまくら》』の中で、

「知に働けば角が立つ。情に棹《さお》させば流される。意地を通せば窮屈だ。兎角《とかく》に人の世は住みにくい」

と、知・情・意の三要素をみごとに表現している。先代はこれについて、

「知とは、認識を経た思考論理、情とは喜び、悲しみ、対人関係では好悪《こうお》の感情、意とは意欲、創造の精神、自己をまっとうしようとする信念である」

と語っていた。

しつけは、この知・情・意をバランスよく育むことである。このバランスがとれた人こそが、わきまえて然《しか》るべきことを自然に振る舞うことのできる社会人と言えるであろう。

昔、「七つ前は神の子」という考え方があった。これは、自然の力の前に豊穣《ほうじょう》や飢《う》えも神の意のままで、子供も七つになるくらいまではいつ天に召されるかわからない。不幸にしてそうなったときは、神に返したと考えようという思いからであった。医科学の発達した現代においては、そのような考えは少なくなったが、こうした、一種あきらめに似た無力感のようなものだけが残り、「放任主義」といったかたちで、しつけに影響を及ぼしているようにも思える。

親が子供のしつけに対して、基準を持って取り組むことをしないために、必要以上の自由を

与え、放任した結果、その現実に気がついたときには、すでに親と子の距離は果てしなく広がってしまっている。

愛情不足の子供に比べ、愛情を持って育てられた子供は、暴力や非行などに結びつくことが少ないと言われる。愛情とは、やさしさだけではない。〇歳から二歳くらいまでは、ことばで理解できないため、いけないことをしようとしたときはお尻などを軽くたたいて教えることもある。しかし、やたらにたたいて教えれば良いというのではなく、ここにも確固たる信念を持って接することが大切である。気分によってむらのある叱り方は、たとえ幼くても、その子のこころを傷つけることになりかねない。そうした幼少時代のこころの傷が成長するに従い、何らかのかたちに表れると言われている。また、赤ちゃんが気づいて欲しいと泣いているのに、スマートフォンに夢中な母親が赤ちゃんをかまわないことが、子どもの成長に悪影響を与えるとも聞いたことがある。

三歳ともなればこちらが話していることもだんだんとわかるようになってくる。すでに自我も芽生えてきているので、体罰は避け、「なぜいけないのか」をことばで説明するべきである。「三つ子の魂百まで」は、現代心理学でも支持されているようである。

中学生以上になったら、一人の大人として接するべきである。そのためには、親として一層の信念が必要となる。

私事で恐縮だが、両親は私の中学入学を境に、さらに高校生になると次第に小言《こごと》を言わなくなった。もちろん、目につくことや門限には厳しく、放任主義というものとは全く違う。高校生の頃だったか、ある日、両親から次のような話をされた。

「もうすぐ大人の仲間入りをするのだから、自分の責任で行動しなさい。あなたは、自分でこの世に生を持ったのではない。だからといって、あなたの命は私たち両親のものではない、あなた自身のものなのである。だからこそ、成人になるまでは、それから先、社会人として正しい判断と行動ができるだけのしつけをすることが両親の役割であり、責任でもある。あなたには、すでにあなた自身の行動に対する責任をまかせるだけのしつけが身についているはずである」。

そのことばを受けた私は、逆に両親の悲しむ顔を決して見たくないと思ったのと同時に、突飛な行動は決してするまいと思った。「こうしなさい、これはしてはいけません」と強く言われるほど、子供というのは反抗したくなるものである。

両親が私にこうしたことを話すまでの間、想像もできないほどの信念を持って、しつけてくれたのだと思う。

やさしいだけでも、また厳しいだけでも親のこころは伝わりにくい。やはり、両者のバランスが合ってこそ、伝わるものではないだろうか。子供のことを真剣に考え、教育における一つの基準を貫き通す姿勢が、現代の親にとって必要なあり方のように思う。

都内の老舗《しにせ》ホテルに勤務する方から、近頃、ホテルのロビーという公共性の高い場所で、子どもが叫んだり走ったりしたあげく、他のお客様にぶつかっても全く無関心でいる親が多い、と伺った。あるとき、それを見かねて注意すると、「ホテルの人が怒っているから止めなさい」と子供に話していたと言う。この例を見ても、子供だけの責任ではなく、親自身の甘えがそのまま子供に反映されているのではないだろうか。

よその人に子供が叱られると、逆ににらみつける親を見かけるが、自分の子供が叱られたら、親は自分自身を振り返り、内省《ないせい》の機会を得たと考えてはいかがかと思う。昔からの「他人に迷惑をかけてはならない」という基本的なことがしつけに活かされていれば、ホテルのロビーを走り回ること自体が減少するであろう。子供を甘やかす親には、親自身の甘えがある。「子供に嫌われたくないから、なかなか怒れない」という意見は、親のしつけに対するこころ構えからの逃避《とうひ》のようにさえ思えてくる。

現代の家庭に足りないのは、家庭を一つの社会としてとらえ、それを営んでいくことである。食後の食器を洗うこと、掃除機をかけること、植木に水をあげることなど、小さなことでも役割分担をすることは、家庭という小社会の中で、社会参加の機会を得ることにつながる。それを与えることができるのは親であり、また親としての義務でもあろう。

着物や洋服の縫《ぬ》い目を正しくさせ、仕立てがくるわないようにと縫いつけることを「仕付《しつ》け」という。日本人は、乱れずにかたちを保つことを、「こころ」の部分の「人格」と「かたち」の部分の「作法」になぞらえ、礼儀作法を示す「しつけ」に「躾」の字を当てたのである。

しつけは礼法の第一歩である。

## お仕置きの役割

前述した、村雲御所《むらくもごしょ》瑞龍寺の門跡《もんぜき》であった祖母からの話である。祖母が子供の頃は、目上の親、兄、姉には「ごきげんさま」と挨拶をし、普通は「おはようございます」「おやすみなさい」と言っていたらしい。知らない方でも、母親の知人などには「ごきげんよう」の挨拶で始まり、「おいくつ」と尋ねられたら「何歳でございます」というような答え方が幼稚園の頃から当たり前のようにされていたという。子供であっても尋ねられたことに返事をしないことは大変に恥ずかしいことなのである。

そのような生活を送っていた祖母は、幼い頃は気が短く、かんしゃく持ちと言われていた。祖母によると、親の部屋と子供の部屋は、普通の家ならば何軒かが間に建つほど離れていたため、親と子が常に接することができなかったそうである。その代わりに十一人の兄弟姉妹《けいていしまい》に家庭教師や奥女中がついていて、けんかや悪いことをした場合、親に伝えるべきと家庭教師が判断したときには、悪いと判断された子が母親の部屋に呼ばれる。この場合、まず、迎えにきた母親付きのおつきに連れられて長い畳廊下を渡って母親の部屋にたどり着く。

おつきが「○○様、お連れ申し上げました」と言うと、母親が「お入り」と言って初めて部屋に入る。その頃までには、自分がなぜ呼ばれたのか当人はわかっているので、謝《あやま》る覚悟はできていたらしいのだが、母は娘に絹糸《きぬいと》のかたまり（縫い物の残り糸を丸めたもの）を渡し、「これをきれいにお解きなさい」と言う。

母親の言いつけは絶対であったため、しぶしぶ始めると、急げば余計にからまるので、一本、また一本と糸の先をつまんで抜き出し、母の前の大きな紫檀《したん》の机の上に並べる。なぜこんなに面倒なことをしなければならないのかと身の不運が口惜《くちお》しくなるが、かんしゃくを起こせば糸はからまるだけなので、抜くことに専念する。そのうち、机の上にさまざまな色糸くずが並び、かたまりが小さくなって抜くのも楽しくなってくる。

すっかり糸くずがほぐれた頃には、文句をならべていたこころもさわやかになって、笑いが顔に出てくる。母はにっこりと笑って「行ってよろしい」と言い、再び子供部屋に帰る。

結局、曾祖母が祖母に言ったことばは、「お入り」「これをきれいにお解きなさい」「行ってよろしい」で、祖母のほうは「はい」だけであった。しかし、このお仕置きにより、何かやるとなったらとことんやろうという根性のようなものが出てきたという。その後、門跡の仕事は、この糸くずの教えがあったからこそやり通せたように思え、他の兄弟姉妹たちは一度も経験することのなかったお仕置きなので自分が一番得をした、と話してくれたことが印象に残っている。

先代や祖母は、先祖の大名時代の名残《なご》りがまだうっすらと残っていた時代の家に生まれたため、いつも親と一緒に過ごすことができなかった代わりに、大勢の兄弟姉妹がけんかをしたり、仲良くしたりするなど、常に兄弟姉妹の会話があったことは幸せだったとも言っていた。

現代のように少子化が進む中で、たくさんの兄弟を持つことは難しくなっている。だが、子供が初めて接する社会ともなる家庭において、兄弟から我慢することや、分け与えることの必要性が学べ、自然に身につくことに変わりはない。また、身近に親と接する機会は、大家族が主流であった頃と比べ、はるかに多いはずである。その中で、親子だからこそ、ことばは少なくても「見事なお仕置きであった」と後に思えるようなお仕置きができる関係を作っていきたいものである。

また親は、わが子が社会に巣立つときのために、その下準備をしておきたいと思うものだが、それには自らの甘えをなくした上で現実を見極《みきわ》め、社会規範をしつけていくことであろう。

# 挨拶こそコミュニケーションの基本

最近は、家庭での挨拶が少なくなってきたと聞く。父親が帰宅しても、子供は自分の部屋にこもりっきりだったり、テレビゲームに夢中であったり、中でも驚いたことは、親の姿を確認しながらもメールの確認や友人との電話が優先で、「お帰りなさい」すら言わない家庭もあるらしい。

夫婦や親子だからこそ、挨拶の一言が、そのときの相手のこころを察するための重要な役割を持っていると思う。

昔は、挨拶が一つの礼儀をはかるものさしになっていた。だが、時代は変わっても、たった一言の挨拶が人間関係を円滑にすることに変わりはない。

昔は、父母や兄弟姉妹の他に祖父母、場合によっては曾祖父母、叔父、叔母、いとこにいたるまでの家族構成で同居していることがあった。また、近所付き合いも頻繁に行われ、家族が一つの社会的構造を持っていたのである。

だが現代の核家族は、家族の構成員が減少しただけでなく、社会からもかけ離れ、孤立した存在になっている。こうした変化のせいで、日常の挨拶を含むさまざまな振る舞いなどを普段の生活の中で積み重ね、自然にしつけることが困難となって、一般社会へ旅立つための教育が忘れられつつある。

「おはようございます」「ただいま」といった挨拶は、気がつかないうちに、離ればなれになりがちな家族のこころを一つに束《たば》ねてくれる。伝書《でんしょ》には朝の嗜《たしな》みのことが、

朝には早々おきて鬢《びん》をかき、髪を結《ゆ》いて、親の前に出づべし。

とある。早起きをして、髪を整え、それから親の前に出るのが良いと言っている。私の父はとてもしつけの厳しい人だったので、幼い頃からこうした家庭内での挨拶はうるさいほど注意された。つい、「おはよう」と言ってしまうと、「おはようございます、と挨拶しなさい」と怒られたものだ。また、同居はしなかったものの、祖父や祖母と会うときは、常に正しい敬語を使って話すことが当たり前だった。しかし、幼いときに日常の生活の中でしつけられたおかげで、大人になっても最低限の挨拶やことば遣いができることに、今になって感謝している。

現代の家庭では、誰が先に挨拶をするべきか、を決めつけることはそぐわないところがあるかもしれない。しかし、お互いパジャマ姿のままで、髪もとかずに「おはよう」と声をかけるよりも、洗面を済ませ、身だしなみを整えてから挨拶を交わすほうが一日のスタートにふさわしい、すがすがしい挨拶となるであろう。

また、小笠原流には、

親の前へ出て時宜を語るべし。

という教えがある。「ただいま」の挨拶は親の前へ行ってからするのが良い、ということである。現代のように通学や通勤の途中などで事故や犯罪に巻き込まれることが不思議でない生活環境の中で、「ただいま」と元気な声で帰宅することは、帰りを待っていた側に安心感を与えると同時に、それが朝の挨拶同様、ともに暮らす者への最低限の礼儀ともいえよう。つまり、「親しき仲にも礼儀あり」である。

さらに挨拶に続けて、「時宜《じぎ》を語るべし」と、その日に学校や仕事場であったことなど一日の様子を語るべきだとしているのは、家族の絆を絶たないための知恵のようなものである。決してプライバシーをおかすものではない。

長男が運動会のリレーの選手に選ばれたこと、次女が学芸会の主役に選ばれたこと、父親がゴルフの大会で入賞したことなど、家族で喜びを分かち合うことで喜びは何倍にも膨《ふく》らむであろう。逆に学校で起こった悲しいこと、友人関係の悩み、会社で嫌な思いをしたことなど、誰よりもその悩みの当事者と一緒の立場で、解決しようと努力してくれるのは家族である。

「赤ちゃん返り」ということばを耳にすることがある。職場では有能と言われる人や近所ではやさしくてこころ配りのある素晴らしい人だとの評判にもかかわらず、家に一歩入ると子供のようにわがままになってしまう人を指して言う。家族関係を上手に作れない人、子供の頃に心的外傷を負った人など実にさまざまな原因が予測される。核家族化が進む中、家族で相談できる大人は少なく、その少数の大人も子供に必要以上の期待をかけることにより、子供が子供らしい生活を送る環境が少なくなったことや、親自身が大人として十分に成長していないことにも問題があるようだ。

子供は遅くまで塾に通い、親は残業があったり仕事で疲れているからと、なかなか家族揃って話し合う機会が少ないのかもしれない。「家族で話し合わなければならない」と決めつけ、理想の家庭像を目標にするとうわべだけの家族になってしまう。そうではなくて、一言の挨拶からでも始めることにより、自然と調和が生まれてくる。そうすることで、親も子供とのコミュニケーションの手がかりを見つけ、子供も自分を大切に思ってくれる人がそばにいることを実感するのではないだろうか。

give & take（ギブアンドテイク）ではなく、give & give（ギブアンドギブ）で互いを思いやることができる「家族」の中で、礼儀が失われがちな核家族が中心の今だからこそ、家庭での挨拶を大切にして「家族の和」を育んでいただくことが切なる願いである。

# 年長者を敬う気持ち

平均寿命が延びるとともに少子化が拍車をかけ、年々高齢化問題が取り上げられるようになった。だからといって、現実にお年寄りにやさしい社会になっているのであろうか。

公共の乗物に乗ると、気にかかることがいくつかある。まず、五人は座れるであろうスペースに、三、四人しか座っていないときがある。それも、座っているのは若い人ばかりである。彼らは、背もたれに寝そべるように腰を落として座り、あげくの果てには足を組んで通路までも大きく占領しているうえ、その席が優先席のときも多々ある。

以前、マタニティーマークをつけていても優先席を譲ってもらえないことのほうが多いと聞いて驚いたこともある。

ある日、電車に乗ったときのことである。お年寄りが荷物を持って乗ってきても、寝たふりをして誰もいっこうに席を譲ろうとはしない。するとその状況を見ていた中年の男性が、少し離れた座席から駆け寄って「どうぞこちらへお掛け下さい」とやさしくそのお年寄りに声をかけていた。

今の若い人々がすべて、このようないたわりのないこころの持ち主と言うのではない。しかし、かつて日本人が持っていたはずのお年寄りを大切に思う美しいこころが、衰退していることとは否定できない。

襖が物理的な拘束力を持たない分、それに優る精神的な障壁《しょうへき》によって守られているのと同様に、優先席は、個人の自覚によって成り立つ。だが、個人のモラルを叫ぶ以前に、こうした席を設けて、人々に呼びかけなければならないこと自体にも疑問を感じてしまう。

中国には、「若い者には耳があるが口がない」という諺《ことわざ》があるらしい。林語堂《リンユータン》は、「話をするのは老人の特権である。若い者はその間、老人の語ることを黙って聞いていなければならない」ことが中国の習わしであると言っている。母親が娘にお説教しているところへ祖母がやってきて話し始めたら、母親はすぐに自分の話を止めて態度を改めなければならない、ということである。その理由は、母親が通ってきた道のりより、祖母のほうがはるかに多くの橋を渡り、経験を積んでいるからということになるのであろう。また林語堂は、「中国人は進んで老境の来るのを待ち、老父や祖父になりたがる」とも言っている。

このように老人を敬う考え方は、かつては日本の伝統でもあったように思う。『礼記《らいき》』に、「子は一番鶏《いちばんどり》で起床し、手を洗い、口をすすいで髪を整え、衣服を直し、両親の居間に参上したら……」と親子関係について書かれているところがあるが、これに対し小笠原流の伝書には、
わかき人の心得らるべき事。朝には早々おきて鬢《びん》をかき、髪を結いて、親の前に出づべし。さて主人の所へ出仕《しゅっし》いたすべし。退出の時も親の前へ出て時宜を語るべし。

とある。これは家庭での挨拶でも触れたところであるが、親に起こされるまで寝ているのではなく、自発的に起きて身だしなみを整え、学校なり仕事場へ行って自分の役割を果たし、帰宅したら親の前で挨拶をしてその日の様子を報告するようにと説いている。こうした一日の流れは今も昔も変わるところがない。そこには家族の中で、目上の人を尊敬し、それを振る舞いにも表現しようとする気持ちが根底に流れているのである。また、

**若き人、年寄りを押しのけ、御前などに差し出で候事、見憎う候間、我より下手の人なりとも年寄りたるをば、敬いたるが見よく候。**

と、年齢の高下《こうげ》による慎みについて触れているところもある。封建時代は、家の格により身分の上下が決められた。その中で、いくら若者が老人よりも身分が高かったとしても、老人を押しのけ、前に出るようなことは恥ずべき行為であると戒めているのである。

ある日の新聞に、読者からの投書が掲載されていた。彼は、現在四十代半ばで妻と二人の子供、両親と同居している。彼の父はとても厳格な人で、子供の頃から何かの折りにはお説教を聞かされたという。そうした環境の中で、自分が社会に出て少しずつ経験を積み出すと同時に、今まで常に自分の前を歩き、尊敬していた父がいつの間にか歳をとり、その姿を見て「何だ、父親なんてこんなものだったのか」と小さく見えてしまった。しかし、結婚して子供の父親になると、それまで自分を育ててくれたことへの感謝の気持ちとともに、父の偉大さを改めて感

じることができ、それからは素直に両親に接するようになったという。

世代交代を叫び、新しい生き方、暮らし方ばかりを提唱するのではなく、さまざまな経験を重ねているお年寄りを敬い、温かいこころを持って接することが必要なのではないか。

年を重ねるごとに、やがていつか誰にも老いはやってくる。これから先、シルバー世代にやさしく、さらには彼らが再び何かのかたちで敬われ、充実した環境下で晩年を迎えることができるような社会を作ることが望ましい。かつてはそれが可能な時代もあったのである。現代の人々にもそれができないはずはない、と思わずにはいられない。

## 個性の尊重は感謝のこころから

人間は、互いの顔や姿も異なる上、性格も多種多様で、同じ人など一人もいない。だが、違った顔、違った考えを持った人間が、それぞれの国で、社会で、家庭で暮らしていかなければならない。

たとえ仲の良い家族であっても、全員が全く同じ意見でまとまることはまれであろう。その中で一つの個性が主張し続けるとき、その他の個性を抑圧したり、排除しようとする。そうなったとき、争いや憎しみに発展することもある。「自己を捨てなければ」と頭ではわかっていても、その思いは空回《からまわ》りするばかりということがある。

最近は、自己主張することが重要で、好ましいことのように理解されがちである。自己を捨てることが、自分自身をなくしてしまうかのように錯覚し、自分を前へ出さなければ取り残されてしまうのではないか、と不安になる。

だが、こうした考えの根本は、個性の発揮ではなく、自己中心的なものがその主流を占めている。

もしも自己を捨てることがイコール個性を捨てることにつながるのなら、それは拒否すべきことかもしれない。他の個性のために、自分の個性を消してしまったら、自分の本意に背《そむ》くことになりかねないし、その思いは相手にも通じてしまうことになるであろう。

ここに一客の茶碗があり、紅茶を注いでみたとしよう。一口飲むと紅茶の香りを楽しむことができる。さらに、砂糖を一さじ入れる。砂糖は紅茶の中に溶け込み、その姿を消す。しかし、飲んでみると先ほどの香りに加え、甘い味わいが口中に広がる。そこに、今度はレモンを一切れ落としてみる。酸味が加わり、さらに複雑な味をかもし出す。

人によっては、レモンの代わりにミルクを入れることもある。色は変わるものの、味を損なうことなく、やはりそこにはそれなりに調和した味ができ上がる。このように、一杯の紅茶は、姿やかたち、色は変えても、さまざまな個性が混じり合い、調和することにより、それぞれの個性ある飲物となっている。お互いが活かし活かされるかたちを見ることができるといえよう。

礼法もこれと同じである。相手のことを重んじるがゆえの自己を消す努力は不要であり、自分という個性があってこそ、相手と調和し、互いを囲み、共有している空間をより良いものとすることができるのである。

そうした共通の空間をともに過ごす機会が多いのは家族である。家族には、ついつい甘えがちになって、個性的であることと自己中心的であることをはき違えてしまうことがあるだろう。それに気がついたとき、「ごめんなさい」「ありがとう」を素直に伝えられるであろうか。

お互いに個性を大切にするためには、やはり感謝のこころも忘れてはならない。

人には、「幸福」についてそれぞれの定義があると思う。私は嫁《とつ》ぐに当たり、家族にそれまで幸せな日々を過ごせたことへの感謝の気持ちを伝えたことがあった。なぜ、幸せな毎日だと感じたのか、という父からの問いに、私は次のように答えたように記憶している。まず、両親と弟に恵まれ、自分が学びたかったこと、行いたかったことを、すべて理解し協力してくれたこと、また自分には何かができることがある、という自信を身につけさせてくれたこと、さらには常に家族でそれぞれの悩みを解決し合い、何よりもたくさんの愛情を与えてくれたこと、そうした一つ一つの要素が集まって幸せだと感じたと。

そう答えると、それは感謝の気持ちから発する幸せなのだろう、という返答が返ってきた。私が人一倍、何にでも感謝するこころの持ち主とは言えないことは恥ずかしいのだが、こうした感情を少しでも持つことができたのは両親のおかげである。

今の私からは想像できないという方もいらっしゃるであろうが、幼少の頃はとても内気な性格で、なるべくなら一歩、人から下がって歩いていたい願望の持ち主であった私を、意気があれば何でもできる、と励ましてくれたのは家族である。それは娘を買いかぶっているのではなく、消極的な性格が何とか積極的になるようにと願う親の切なる気持ちだったのかもしれない。

また幼いときから、母のような大人になりたいと思っていた。それはおそらく私にはない部分、母の個性を持っているからであろう。一方、父と私の性格はどちらかというと似通っていた。それだけに、ぶつかる部分もあったが、それぞれがお互いの個性を理解できたから、ともに楽しい日々を暮らせたのだと思う。

さらに、兄弟姉妹の仲が良い悪いも、親のしつけによる部分が大きいのではないだろうか。同じ家庭で育った兄弟でも、驚くほど個性の違う場合がある。それでも仲が良い兄弟を見ていると、親がそれぞれの個性を認め、差別することなく、家族の和の中で調和させているように感じる。

個性は、相手にひけらかす類《たぐい》のものではない。しかし、自分の個性を自分自身で理解することにより、良いところを伸ばし、また悪いところを改めることが可能となる。

子供の個性を見出し、それを伸ばすこと、これもまた親の役割の一つではないかと思う。それとともに、家庭において感謝するこころを自然と育めるような環境を是非作っていただきたい。

第五章

# 日常生活で知っておきたい作法

# 箸の扱い

日本が長寿国であるのは、古来、日本人が食事に箸《はし》を用いているからだという話を以前に伺ったことがある。食事のたびに箸を使うので、脳に適度な刺激が絶えず送られ、老化を抑制する効果があるのではないかという説であったと記憶する。現代のように日本人の食事がかくも欧米化されてしまうと、この説だけでは説得力を欠くかもしれない。

しかしながら、日本人は、欧米と異なり食事中の動作すべてを一対の箸で済ませることができる。つまり、食材をつまむ、切る、ちぎる、裂くなどの動作を箸のみで行うのである。

ご承知の通り欧米ではナイフ、フォーク、スプーンなどのカトラリーを用いるが、日本人と同様に箸を使う習慣のある中国や韓国、タイ、インドネシアなどアジア諸国では匙《スプーン》も併用している。箸のみで食事をするのが世界中で唯一日本人だけであるということになると、冒頭の、日本人の長寿と箸の扱いとが関連があるという説も一理あると頷《うなず》ける。

また、日本食ブームで上手に箸を用いる外国人はいるものの、我々日本人が箸の先で難《なん》なく豆類をつまむのを見て、その器用さには驚くと聞く。

しかし、ヘルシーでダイエットにも良いと、和食が世界中で愛されるようになった反面、日本人の嗜好《しこう》とライフスタイルがすっかり洋風になってしまった。特に若い人々の食事は、日本食よりも肉や油を多用した洋食に偏《かたよ》る傾向がある。従って、食事の際に用いるのも箸よりフォーク、スプーンでというような場合が多くなってきた。

ステーキやソテーは、箸ではちぎりにくく食べにくい。ハンバーガーやフライドチキンなどのファストフードなら、手づかみでもかまわないくらいだ。

また、これまで日本人の食事のマナー講座といえば、ナイフ、フォークの使い方を学び、フランス料理をいただく際に恥をかかないようにというものであった。箸の持ち方、扱い方については、当たり前過ぎて学ぶという意識さえなかったのではないだろうか。

こうした生活シーンの変化により、現代の日本人は確かに箸を持つことが少なくなってきた。世界中の料理を食べることも、多種多様の味覚を味わう機会ができたことも喜ばしいが、日本人として、何より箸の扱いがおろそかになることを嘆きたい。

小笠原流礼法でも、食事の作法については特に細かく定められており、伝書《でんしょ》に詳細にわたって記述されている。その中には、配膳・給仕をする側からいただく側の作法まで興味深い作法が多く、シチュエーションは多岐《たき》にわたる。本膳《ほんぜん》料理のときの作法など、現代では一般的でないものもあるが、いずれにしても基本は箸の扱い方である。

昼や夜、ＴＰＯに応じた装《よそお》いに気を配り、文化的なテーマや音楽を勉強して上品な会話をこころがけ、巧《たく》みな外国語を駆使《くし》できたとしても、食事の仕方、それ以前にまず箸の持ち方が正しくなければ、日本人としては足りない部分があるのではないかと思えてしまう。

基本中の基本である、正しい箸の取り方を「三拍子」で覚えておこう。

一　右手で箸の中ほどを上から取る。
二　左手を下から添える。
三　右手を箸に添ってすべらせ持ち直す。

これを何度も練習し、無意識に手が三拍子に動くまでにはそう時間もかからないし、難しいことではない。

三拍子で理《り》に適《かな》った箸の取り方ができるようになったら、次は箸使いのタブーにも気をつけなければならない。伝書でも、

　あれこれと思い定めずうろつくをまどいの箸と嫌うものなり

というように、不作法とされているものを教え歌を通して戒めている。このような「きらい箸」の代表的なものは、次の通りである。

＊かき箸　茶碗に口をあてがい箸でかき込む。
＊込み箸　箸でものを口に押し込む。
＊探り箸　かき混ぜて中身を探る。

＊刺し箸　箸で食べ物を突き刺す。
＊叩き箸　箸で器をたたく。
＊涙箸　箸先から汁を垂らす。
＊握り箸　箸を手で握るように持つ。
＊迷い箸　どれを食べようかと迷う。
＊ねぶり箸　箸を口に入れてなめる。
＊寄せ箸　箸で器を引き寄せる。
＊諸起《もろおこ》し　箸と椀を同時に取る。

食事の途中で箸を置くときは箸置の上に置き、箸置がなく箸袋がある場合は箸袋を千代《ちよ》結びにして代用する。または、箸先を膳の左縁《ふち》にかけて置く。食事が終わったら、結んだままの箸袋に差すか、箸袋に収める。特に目立って汚れてしまった場合、懐紙《かいし》があれば箸先を包んでおくと見苦しくない。

このように箸の扱いに、食事の最初から最後まで細やかな作法があるのは、箸は、日本人の食文化と切り離して考えられないものであると同時に、古くから神の依代《よりしろ》とされてきたからである。地方によっては、食事の前に箸を高くいただいて「いただきます」と言う習慣があるのは、その名残りであろう。

最後に、箸の種類についても簡単に言及しておく。

＊柳箸　柳は縁起の良い木であり祝い事や神事に重用される。中太両細の両口箸で、本来は神人共食《しんじんきょうしょく》の箸である。一端を神が、一端を人間が使う意。正式なものとされる。

＊割箸　江戸後期に使われ始めた。再使用はしないため、塗り箸よりも正式に近いとされ、客用に使う。

＊塗り箸　毎日使う銘々《めいめい》箸。高価であっても、同じものを長く使うので、最も略式。

箸の扱いについての作法は厳しく、箸の種類も細かく定められている。その一方で箸置や箸袋には、美しい和紙を使用してそれを折ったり、季節の花や葉を代用してみたりと楽しく工夫する。

箸とのかかわりを、日本人ならではのしつけ、嗜《たしな》みとして大切にし、後世に伝えたい。

## 和食

和食、洋食どちらもこころ構えについては同じである。

動物的な欲求を出すような振る舞いを抑え、相手と食事を通してこころの交流ができることに基本を置いて生まれたのが食事のマナーである。

平安時代の有職故実《ゆうそくこじつ》からも、食事に関する作法があったことがわかっている。

常の飯を喰うべきこと。先《ま》ず飯を取り上げ、少しずつそと二箸、三箸すくいて喰い、さて大汁を吸いてよきなり。その後菜《さい》を喰い始むるなり。

といったように食事の作法についてはさまざまに説かれている。「大汁」は、本膳にのせてある汁のことであるが、まず二口ほど飯、続いて汁、菜へと移る。先代や祖母は、幼い頃に食事の作法について次のように厳しくしつけられたという。飯、汁を吸ってから再び飯を食べる。それから汁の実を食べて汁を吸い、また飯を経て菜に移っていく。

菜を喰う事。魚類精進物《しょうじんもの》によらず、賞翫《しょうがん》より喰い始めたるがよし、また、酢《す》あえの類より喰い初めてよし。酢の類を喰い候えば、口中うるおい、その後何のものも喰いよきゆえなり。精進物より喰い初むというものあれどさしていわれなし。

と菜についての心得も残されている。

また、細かいことばかり気を使い過ぎ、相手との食事のペースが合わなくなってしまうことも避けるべきである。そのことについて伝書では、

人の相伴《しょうばん》をする事。箸をとるから飯ならば汁をかけ、湯を呑み、箸を置くまで、貴人《きじん》を見合わせ、貴人より先にてあるべからず。箸を取り、置くことも同前なり。

と、箸を取ってから置くまで、すべて相手に合わせたこころ遣いの重要性が示されている。

公式の場においては、

むしりにくきをむしりかねて、遠なる汁、菜を取りて、物をこぼしなどすること、見憎く候。ただ手よりなる物を取りて食うべし。

と、粗相《そそう》するくらいなら手近なものだけをいただくようにとしている。しかし、これは公式の場であって、親しい人との食事では、

内々においては高下あるべからず。内々にては何としても苦しからず。

とあり、TPOによって作法も変化していることがおわかりいただけるであろう。

おかわりをするときは、自分よりも上座の人に礼をするだけでなく、下座の方にもおかわりが運ばれるまで、待っていることも必要である。このような下座の人に対するこころ遣いは小笠原流礼法の基本とするところである。

どのような場合でも、

人前にて飯喰い候様、さまざま申し候えども前々申し候ごとく、貴人を見合せて喰うべし。

という心得が大切である。これを自然に行うためには、食事の作法を身につけ、ゆとりを持ってさまざまな場に応じて、相手とこころの交流をはかることが必要なのではないだろうか。

# 洋食

作法の基本は他者を大切にすることにほかならない。和食にしても洋食にしても、同席者に不快感を与えないことが第一である。洋食の作法書は百花繚乱《ひゃっかりょうらん》の趣《おもむき》があるが、この原則は変わらない。

和食の作法の代表ともなる箸遣いを正しくできない人が増えることを嘆きつつ、洋食のマナーが必要となる機会もまた、ますます増えることであろう。そうした状況下において、自分のことだけで精一杯にならず、周囲の方へのこころ配りが自然にでき、さらには料理を作ってくださった方のこころを受け止めることが、マナーを身につけることによって可能となるのである。洋食をいただく上で、相手に失礼がなく、ともに楽しい時間を過ごすことができるように、こころ遣いのポイントを以下に述べる。

◆着席まで

招待された時間には遅れずに到着すること。TPOに応じた服装をすることはもちろんのこと、清潔感のある自然なたたずまいが求められる。

香りの強い整髪料やフレグランスを避ける。洋食に限らず、香りは食事の席において十分に気をつける必要がある。

レストランの入口で、予約の有無を告げて、店の人の案内を待つ。勝手に入るものではない。コートや荷物を預けたら、席に案内されることになる。このとき、レディーファーストを厳守のこと。

◆着席
テーブルまで来ると、店の人は上席（女性）の椅子を引いてくれる。その前に立ち、腰を沈めると同時に椅子を押してくれる。

◆注文
食前酒を楽しみながら、メニューを決め、コースを組み立てていく。

◆ナプキン
ナプキンを取るのは、料理が運ばれてくる直前がベストタイミングとされるが、レストランではオーダーしたところで広げても問題はない。改まった席などでは、座の最も立場の高い方が取った後が良い。

ナプキンは表を外側に向けて二つ折りにし、折り目が手前にくるように膝の上にのせる。

グラス類を口にする前に必ずナプキンで口もとを押さえる習慣をつけておきたい。グラスの縁《ふち》に残る脂《あぶら》や口紅は美しいものではない。

止むを得ず中座《ちゅうざ》するときは、椅子の上に軽くまとめて置く。

退座の際は、テーブルの上に軽くたたんで置く。きちんと四つ折りにしてしまうと、料理やサービスに満足できなかった、用意されたナプキンが清潔でない、というような意思を表すことになると言われる。

◆食器の扱い

多くの場合、ナイフやフォークはあらかじめテーブルにセッティングされている。これは、単純に外側のものから使っていけば良い。例外はスープ用のスプーンで、これは最も右端に置いてあることが多いのだが、最初に出てきたオードブルには用いず、一つ内側のオードブル用のナイフを取る。

パン皿は左、グラス類は右にセッティングされているという原則を覚えておけば、隣の方のパンに誤《あやま》って手をつけてしまったというアクシデントが防げる。

食事中、いったん休めるときはナイフ、フォークを皿に八の字型に置く。

食べ終わったら、ナイフとフォークを二本平行に持ち手を右にして揃え、皿の右斜め下に置く。このときナイフの刃は内側に向ける。

◆オードブル

オードブルは食欲を増進させ、メインディッシュをよりおいしくいただくようにという工夫で出される。

◆パン

パンはスープを飲み終えてから食べ始めるが、その際、パン皿の上で一口大にちぎって食べる。パンをそのまま両手に持って食べたり、バターを全面に塗ったり、ナイフを入れるといったことはしない。

パン皿がない場合は、左側のテーブルクロスの上にじかに置く。

正式ではない、プライベートな席ではソースをパンでぬぐって食べても良い。そのときはパンを小さくちぎって皿に置き、フォークで刺してソースを絡め、口に運ぶとエレガントである。

◆スープ

スープを飲むときの大原則は「すすらない」ことである。スプーンを少し斜めの角度にして、口の中にゆっくりと流し込む。空気とともにすすり込むと、音が出てしまう。

スープの中にパンをちぎって入れたり、浸《ひた》して食べることは避ける。スープに入れて良いのはクルトンやニョッキである。

また、手前から向こうへすくって飲むイギリス式と、向こうから手前にすくって飲むフランス式があるが、どちらでなければならないということはない。

両側に把手《とって》がついているタスカップは、手に持って口をつけて飲んでも良いが、正式な席ではスプーンを使用したほうが良い。

◆魚料理

魚を食べる場合の原則は、身をひっくり返さないことである。身の上側を食べ終わったら、骨をはがして皿の向こう側に置き、下側を食べる。これは和食も同様である。

◆肉料理

肉を切る場合は、フォークで押さえ、ナイフを軽く動かす。引くときではなく、押すときに力を入れると良い。最初から食べる大きさに細かく切ってしまうと肉汁が流れ出し、す

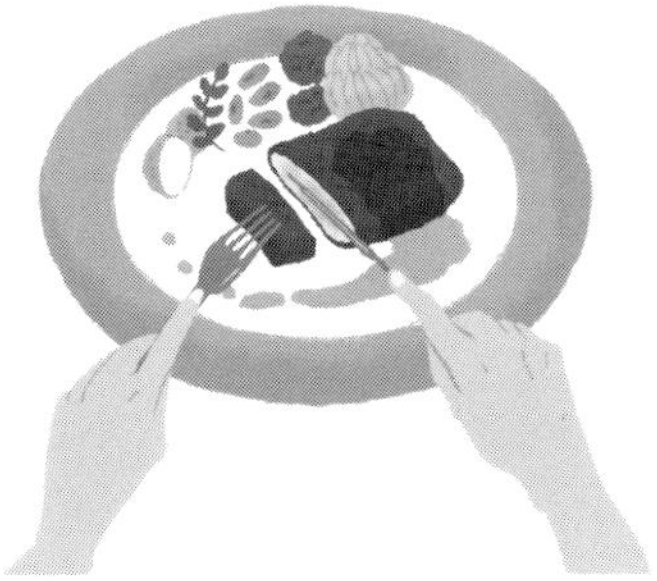

ぐにさめてしまうので避けること。

◆サラダ

具が一口大であれば、フォークだけで食べてよい。正式な席ではナイフとフォークを使用する。

◆フィンガーボール

片手ずつ入れ、指先をこすり合わせるようにする。両手を同時に洗うことはしない。

◆コーヒー

本来の味と香りを楽しむためにも、まず一口飲んでから砂糖やミルクを入れるようにしたい。砂糖を混ぜるときは、器を傷つけないように軽く掻き回す。

その他、気をつけるべきことは会話である。食事中は議論になるような話題は避ける。たとえば、政治、宗教に関するものである。また、その場にいない人の噂話は、聞き手を不快にする要因ともなる。

また、タバコは食事中に吸ってはいけない。ただし、デザートかコーヒーが出て、周囲の方に一言断ってからならば良いとされているが、なるべく避けたほうがよいであろう。

つまようじは、テーブルに出されていてもその場では用いない。他の人の目を避け、化粧室等で使用する。

「貴人を見合わせて喰うべし」は、洋食のマナーにおいても同様の心得である。ここに説明したことはあくまでも一つの目安であって、それぞれに、その場に応じた判断による対応が求められる。そのときの基本は、相手を大切に思うこころであり、そのこころ遣いから、時にはマナーをあえて崩すことも大切なのである。

テーブルマナーを知っていることをひけらかすことは、礼法の「前きらめき」にも似て嫌われることといえよう。

相手へのやさしいこころの持ち方が、ここでも必要となってくる。

## 服装

日本は、世界でも有数のファッション大国と言われている。

日本各地に有名ブティックや専門店があり、特に東京などの都市には、商業施設が次々にオープンし、外国人観光客も増えている。

一方、日本人のブランド信仰は減少しているとはいうものの、なくなっているわけではない。

しかし、日本のファッション史をひもとくまでもなく、日本人と洋服とのかかわりは、たった百年程度のものでしかなく、それまでほとんどの日本人は洋服や靴を身につけてはいなかったのである。

明治維新で外国のものが上陸して以来、日本人の志向は一気に洋風に変わった。「侘《わ》び」「寂《さ》び」を良しとし、「若やぎ」を控えようとした日本人ならではの好みと美意識は、欧米のデザイナーによる服やアクセサリーに取って代わられた。さらに、アジアンテイストといった新しい東洋のデザイナーのものも加えられた。

もちろん、日本のデザイナーの評価も高く、外国で人気が出て、逆輸入《ぎゃくゆにゅう》されるという例も多い。このように、戦後から今日までの経済発展によってさまざまなファッションが生まれ、個性を重んじる傾向もあってか、前述のように和風、洋風やエスニック調など、まさにあらゆる服装、装飾が私たちを取り巻いている。

ところで、個性を重んじ、自分の意見を主張することが重要であると思われる傾向にある現代人の生き方は、礼法で学ぶところの「和」や「慎み」のこころと矛盾するように思われるかもしれない。確かに小笠原流礼法では、前述の通り伝書にも頻繁に「利根《りこん》だて」「前きらめき」を戒める文章が書かれているように、他の人よりも自分のことを大切にすることは最も嫌うところである。だからこそ、社会生活において、自身の意思や個性はしっかりと持ちながら、他者への配慮も欠かさないことが現代に求められる生き方なのではないだろうか。

この点について先代に、

「利根だてにならず、しかも自分らしさを表現する服装とはどんなものですか」

と尋ねたことがあった。先代はそのとき、即座にこう答えた。

「公式に近い席では、周りの人に合わせること。それだけはこころがけなさい」

和服であってもドレスであっても、普段は自分に似合うもの、自分の顔にうつりの良いものを着て楽しむことが良い。それによって季節を感じることもでき、色を楽しむこともできる。時には、気に入ったアクセサリーを一つでも身につけることによって、気分転換することもできるであろう。

ただ肝《きも》に銘じておかねばならないのは、公式の場における服装である。冠婚葬祭の席で、一人だけデニム生地の服（たとえそれが自分にとっての正装であっても）は好ましくない。自分はそれで良くても、周りの人に奇異な感じを与えたり不快な思いをさせたりするからである。

これが先代が教えたかったことであると理解している。

同様に、男性の服装については難しいことがある。外国のホテルや高級レストランでは、ジャケット着用でなければ入店できないということがある。日本でも、限られてはいるもののフランス料理店やバーなどにおいて、このような決まりを設けているところがある。

その場合、入口で押し問答をするよりは、素直に店側に従うべきだろう。店によってはその場のための貸与《たいよ》用のジャケットとネクタイを用意しているところもあるが、それらを借りてまでその店で食事をするか、それともその場はすっぱりとあきらめて、次回にジャケットとネクタイ着用で改めて来店するかは、それこそ個人の個性の見せどころである。

いずれにしても、ある程度格式が高い場所に出かける場合は、男性ならせめてジャケット姿で行くことが好ましい。

ちなみに女性は、ワンピースかスーツということになる。スーツは基本的にはビジネスの服装と言われるが、デザインや素材、着こなし等によりその限りでない。本来であればパーティーや会食などにはワンピースを主として着用することが望ましいが、夜のパーティーへ出かける前に一度帰宅してから着替え、アクセサリーをつけ替えていくというのは、日本の住宅・交通事情を考えると難しい場合もあるかと思う。

ここで、小笠原流の服装についての考え方をご紹介するが、これは規則ではない。あくまでも、服装についての自分なりの基準を持つための基本的な考え方であると理解していただきたい。

> 素襖袴《すおうばかま》、肩衣小袴《かたぎぬこばかま》などの紋の事。ただ目に立たぬが然《しか》るべく、さのみ小さきも大成《な》るも、人によるべし。坊または小者などは目に立ち候がよく候。さもとある人はただ目に立たぬがよく御座候。

素襖（直衣《ひたたれ》の一種で室町時代頃から着用され始めた庶民の服であったが、後に武士の礼服となる）の紋は目立たないほうが良い。中間《ちゅうげん》や小者などはどこの家中かが一目でわかるように紋を目につきやすくする必要があるが、一応の身分の者ならば目立たないほうが好ましいということである。

帷子《かたびら》の事。辻が花、はくなどは女房、児など、若衆などは苦しからず候が、年たけたる男は然るべからず候。ただ男は若きも老いたるも白帷子が似合い候。

帷子という夏の薄物の着物は、当時流行した派手な辻が花染めや、金箔銀箔を押したものなどは、女子、子どもや若者のもので、一人前の男性が着るものではない。本来男性には、老若を問わず何の装飾もない白い帷子が一番よく似合うのだと言っている。

三えりに物を着らるる事。稚児《ちご》若衆《わかしゅう》など、襟《えり》をいろえていつくしく見せ候わんためにて候。また年寄りは物を多く着候わんためなり。ただ、常の如く着候わんがよく候。

三《み》つ襟《えり》（背の襟の中央、衣紋）を抜く（引き下げる）など、襟をいじってわざと美しく見せようとする着方は常のものではなく、普通にするのがよろしい。

御小袖《こそで》引き合わせの事。御襟に心をとめ候はねば、いかに美しき襟つきにても、見苦しきものなり。御胸の合わせ目、水ばしりに、いとやわらかに御召し候え。

と、水が走るような自然な襟の合わせ目を、私自身も常にこころがけている。

このように、自分をことさらに目立たせたり飾ったりすることを戒め、武家社会の規範とも言うべき質実剛健の教えが読み取れる。また、襟に言及している文が多いのは、和服でも洋服でも、きちんとした印象を与える着付けは襟もとがポイントであるということであろう。

一方では、

年寄りたる人、すき素襖に、紅梅など着られ候こと、さも候。

年輩者が、透けた地の素襖の下に紅梅色の肌着を着るのはしゃれたことである、という一文もあり、歳を重ねた人ならではのセンスを勧めてもいる。

さらには、小笠原流の伝書では服装の心得の結びとして、

人の衣装のいろいろ、すべて若き人も、としの程より、すこし、くすみて、出立《いでた》たれ候がよく候よし申し伝え候。人の若くと出立ち候は、似合わず候。

服装の色は、自分の年齢よりもこころ持ちくすんだ色合いを用いるほうが良い。無理に若さを装うように、華やかに飾るのは似合わないと言っている。

この結びの文章が伝えているように、服装の原点は慎みの中に美しさを求めるこころである。自分を飾って美しく見せようとするのではなく、相手や周囲のこころに合わせた身だしなみをこころがけるという、日本人本来の伝統的な礼儀の精神が反映されていることが求められる。

# 化粧

大手化粧品会社の新商品広告合戦は毎年熾烈《しれつ》な戦いであるそうだが、季節ごとに私たちの目を大いに楽しませてくれる。アイシャドウやリップスティックの新色、ホワイトニングやアンチエイジング効果もある基礎化粧品などが次々とメディアミックスで紹介され、私たちの購買《こうばい》欲をあおり、テレビの通販番組で夜中に発注する人も多いようである。

特に、若い女性たちは、色白が人気という情報にのせられて、結局は同じような化粧をするので、誰もが似たような顔立ちに見える。

ある外国人ジャーナリストは、日本に赴任《ふにん》した当初、若い女性たちが皆そっくりの顔をしているので、「何か宗教的な理由があるのか」と不思議がったという話もある。

確かに、日本の女性は、良質の化粧品とメイクテクニックを手に入れたことで、格段に美しくなった。しかし、没個性で皆同じような雰囲気になってしまっている。

化粧も、前に述べた服装と同様、個々のライフスタイルとセンスによって考えなくてはいけない。懸命に仕事をしている女性、あるいは育児に専念する女性の生き方もある。一分の隙《すき》もない完璧《かんぺき》な化粧を施した女性の顔に、強い意志の美しさを見ることもあれば、自然なメイクでナチュラルな生き方を、さわやかに全身で発信している女性もいる。

私たちの化粧もまた個人個人のライフスタイルをうつすものであって、そのスタイルを自分の化粧に反映させて自分を表現しなければならない。そう考えれば、クローン人間のように、皆が同じ顔のメイクをして歩くということになるはずはない。

ライフスタイルを反映することについては、「葉隠《はがくれ》」として知られる佐賀武士たちの化粧が挙げられる。無骨《ぶこつ》とされている彼らであるが、大変厳しい身だしなみをしつけられていた。水浴で身を清め、下着を替え、爪を切った後は軽石で磨き、とくさの皮で仕上げる。また月代《さかやき》をきちんと剃《そ》り、髪には丁子油《ちょうじあぶら》をつけるという念の入れようである。また、顔色の優れないときは、ほお紅を使うという教えもあったらしい。

これらはすべて、戦場でいつ死ぬかもしれない武士の、常に恥ずかしくない身だしなみとして伝えられた。常に死と隣合わせであった武士たちのライフスタイルがここに反映されているのである。

さて、女子の化粧についての、小笠原流の伝書は誠に興味深い。江戸期の伝書『女中手鑑《じょちゅうてかがみ》』では、老臣が姫君に嗜《たしな》みを説くかたちで、何箇所かで化粧に触れている。

今朝に及びたらんに、かならずしもその姿にて君主、父母に対面あるまじき事。対面に及ぶには、御けわい（化粧）候てあるべく候。これ第一、女子の嗜たるべし。

朝起きたら、そのままの姿で夫や父母に会ってはいけない。まず化粧をしてから会うことが、大切な嗜みである。

御けわいの事。薄々とあそばされよ。殊に御鼻くちびるに御心添えられずば、見苦しきものにて候。かならずしも、はきはきと白くあるべからず。ぼけやかに薄々と御ぬぐい、白じろしききわに、あかあかとあそばされ候事、さりては、公界《くかい》をもご覧じなきか、または、御嗜のあしかるべきと、かたわらにて、人の沙汰《さた》し候もうたてしく、よくよく御心を添えられまいらせ候べし。

化粧は薄めに、鼻や唇にポイントを置いて化粧すると良い。おしろいは厚くなり過ぎないこと。薄めがよろしい。厚化粧は、公の場所での心得がないとか、嗜みがないなどと人の噂になってしまうから、よくよく注意しなければならない。

昼の御姿。昼は御けわい改め候てよく御入候。朝より昼までの間には、かならず御けわいも散り、御髪も乱れ、見苦しくなり候。……夕べに及び候とも御髪かきなで、御まゆの散りたるをも御直し、御引き合わせをも心をそへさせられ御対面の節は、御姿見にて、御映り候て、御出で候え。

昼になると、化粧も直さなければならない。朝から昼までには、化粧崩れもし、髪も乱れて見苦しくなっているからである。夕方にもまた、髪をなでつけ、眉や着崩れを直して、鏡で確認してから夫と対面するようにと説かれている。何度も念入りに、しかもうっすらと目立たぬように、気品ある化粧をこころがけるという点で、一貫した小笠原流礼法のこころが読み取れる。装いの一つとして、化粧にも清潔感を欠かさないようこころがけたいものである。

## 酒席

洋の東西を問わず、酒というものは百薬《ひゃくやく》の長として珍重されるかと思えば、酒池肉林《しゅちにくりん》のたとえ通り、放漫と遊興《ゆうきょう》と退廃の象徴のようにも言われる。

全く酒を嗜《たしな》まない人にとっては、酔っぱらっている人の感情や行動を理解できるはずもない。一方、酒の好きな人に言わせると、下戸《げこ》は人生の楽しみの半分を知らなくて気の毒ともいう。実際、下戸である私は友人や知人が酒を楽しむ姿をうらやましく思うこともある。

いずれにせよ、いつの世でも盛んに消費されるのが酒である。

前述の『小笠原礼書七冊《しちさつ》』の中には「酌之次第《しゃくのしだい》」があり、酒にまつわる作法に一冊を費《つい》やして説かれている。それほど、酒が日本人の生活と切り離せない特別の存在であるということなのだろう。

いささかも油断なく気をつかうべし。殊《こと》に酒盃《しゅはい》に酔い候えば、心がけてさえ落度《おちど》あるものにて候。

と書かれているところを見ると、当時も今の私たちと同じように、酒の上での失敗が多かったことがうかがえる。

当時の武家社会では、現代よりもさらに酒がつきものであった。正月の祝いや出陣の際の儀式にも、現在の結婚式の三三九度《さんさんくど》に当たる式三献《しきさんこん》が行われた。複雑なものでは十九献という場合もあり、一献ごとに肴《さかな》が変わるので膳の数が三十を超えるものもあったという。

近代になってから、日本人には酒を分解する酵素《こうそ》アセトアルデヒドが少ないと発表され、学術的にも日本人は酒が弱いという事実が明らかにされたが、そのようなことを知らない昔は、下戸にとって儀式は辛いものであったことだろう。

伝書では、下戸が取るべき態度を次のように述べている。

下戸は、盃をとりざまに、御酌の顔を見るべし。是は下戸というしるしなり。酌、心得べし。

お酌する人が来たら、その人の顔をちらっと見ればそれが「私は下戸である」というサインであった。酌人《しゃくにん》がそれを察すれば、酒をつぐまねだけしてくれることになっていたという。しかし、両者阿吽《あうん》の呼吸が合わずに、期せずして盃に酒をつがれてしまったら、そのときはあきらめて飲んでしまわなければいけないという教えもある。

いずれの場合も、自分は飲めないからと言って騒ぎ立てたり遠慮したりするのではなく、周囲の酒席の雰囲気を思いはかって、迷惑にならないよう、自分の責任と機知によって酒とかかわらなければならないということだ。この辺《あた》りが、小笠原流らしい合理性と自己責任の美学が表れていて興味深い。

酒が好きで、自分一人でも大勢とでも大いに楽しみたいという向きには、もちろん酒席は待ち遠しいものであったろう。しかし、この場合でも、節度を保ち、人とペースを合わせて飲むことが大切、と伝書は説く。

一滴も残さずに飲み干せば酒に飢えていて浅ましい感じがするし、かといってせっかくなみなみとつがれた盃の酒を残すのも良くない。したがって、飲み残しを捨てる際、ちょうど一滴分程度、あるいは盃に一文字が書けるくらい残すことを、適度な盃の干し方としていた。これを「一露《ひとつゆ》」「一文字《いちもんじ》」などと言っている。

酒にいやしい飲み方を制し、同時に酒を振る舞ってくれる相手の敬意を無にしないほどよい境目が、「一露」あるいは「一文字」分を残すということだった。

しかし、それでも左党《さとう》が集まった酒席では、正式の儀式の後は無礼講《ぶれいこう》に近い「乱酒」「大酒」などと呼ばれるような宴席になったらしい。

伝書には「乱酒」の際の余興として、

若き者などは乱舞の座にのぞみて、口をつむぎたるは見苦しきものなり。

という心得が説かれている。立って舞うことにより、それが酒の肴になるのだから、舞の一つも習っておくようにという記述もある。宴会や接待という酒席にあっては、当時の宮仕えも、現代の社会人と同じようなものであったのだろうことが推測できるのも楽しい。

さて、昔は「十度のみ」というのがあって、これは、飲み比べの酒興だが、下戸には格別苦痛であったようだ。

十度のみとは、たとえば、十人丸々居て、盃十なかに置きて、まず一人盃と銚子《ちょうし》とりてはじめ酒申し、さて次の人にさして、その人に銚子を渡すべし。さて又つぎの人のみて前のごとくすべし。廻り酌なり。

これだけでは、十人が集まって互いに酌をするだけで、さほどゲーム性のあるものとも思われない。しかし、

盃をうけとりて、銚子を人に渡すまで、物をもいわず、肴をも喰わず、口をも拭《ぬぐ》うべからず。

とあるところから、かなりルールは厳しかったようで、

もしさようのことあれば咎《とが》落としをのませらるるなり。

となっている。うっかり途中で話したりすると、罰ゲームで大きな盃で飲まされたというこ

とである。

また、今でも若い人の間でできそうな「鶯《うぐいす》のみ」というのもある。

両人出て十はいとくとのみたるを勝ちと申し候。杯はさだまらず。

というもので、両方のチームから出た選手が十杯早く飲み切ったほうが勝ち。これも下戸には不可能であるし、アセトアルデヒドの少ない体質の人が多い日本人には、無理強いしないほうがよい遊びであるに違いない。

さて、こうした盃の作法において、正式な酒席では盃は一つ、銚子も一つが決まりだった。身分や格式がうるさい時代において、下位の者から上位の者に盃を差すなどあり得ないことだった。相手の盃を受け取るときは、

あなたの口のあたりたる方を、いただき候て呑むべし。これ互いに礼儀なり。

と、相手の口の触れた部分を自分の口に回して、相手のお流れを頂戴する気持ちで盃をいただいてから飲むことになっていた。

また最上位の者から受けたときは、

いかにも謹《つつし》みていただき、さて、下を呑み候て、酒を請《う》くべし。

と、盃を丁重にいただき、相手の飲み残しに口をつけてから酒をついでもらう。これは「いかにも極位《ごくい》の時宜《じぎ》」であったので、よほどの場合でなければしなかったようだ。

さて、ここで豊前小倉《ぶぜんこくら》十五万石に転封《てんぷう》された際の藩主、小笠原忠真《ただざね》のエピソードを紹介したいと思う。忠真が菩提寺《ぼだいじ》の福聚寺《ふくじゅじ》に参詣したとき、堂主を初め多くの僧が食堂で食事をしているところに出会った。その様子を見ていると、彼らの食事は中国の普茶《ふちゃ》料理であり、飯と汁は銘々に出されてはいるものの、菜は木鉢に盛られていて、各自がそれぞれ箸で取って食べていた。

これまでこうした風景を目にしたことのなかった忠真は、家来に大きな鉢に盛られたものは何か、と尋ねた。家来はそれが食事の菜と説明し、さらに大勢で一つに盛られた菜をつついて食べることは、唐人のむさい下品な食べ方だと言った。しかし忠真は、

さてさて無調法なることを申すものかな。異国の風、かくの如し。大勢の面々うちまじり、われひとの隔てなく食事いたし候事、さてさて信実の交りの深きことなり。その方がむさきと存じ候隔て候心底ほど、大きなるむさき心底よ。

と語った。これまで見たことのない異国の食事作法だったにもかかわらず、即座に隔てをなくし、こころとこころが通い合っていることを察し、家来の形式主義をたしなめたところに、礼法の真髄《しんずい》を感じるとともに、彼の礼法把握《はあく》の確かさに感動する。だが、当時は直箸《じかばし》の習慣がなかったのだから、この家来でなくとも同じように答えたであろう。また、その後文には、

さてさて大守《たいしゅ》の一言、有難き名意と、異国他国までも聞こえ、有難く感心つかまつり候。

と記されている。潔癖《けっぺき》感の強い日本人だからこそ、一つの盃で酒を飲むことに「むさき」を超

える何かがあり、そうすることにより親密感を強調することにもなったのだろう。

酒は元来儀式に用いられ、神事の後にいただく神聖な飲物であることを頭に入れて、酒と付き合いたいものである。「盃をいただく」とか「お流れを頂戴する」などの言い方も、もともとは目上の者からというより神様からいただくという意味であった。神が飲んだ酒を一同で飲むことで、当時の人々が血縁地縁の絆を強め、固い結束力を誓ったのであろう。

茶道にも一つの碗の茶を何人かで回し飲む習慣がある。

山城国一揆《やましろのくにいっき》の裏付けには、当時の茶事の流行に伴う換金作物として茶の生産力があったと言われている。そのせいもあってか、一揆の相談など村々で連合する際、一碗の茶を仲間で飲み回し、「一味同心《いちみどうしん》」の団結が固められていった。こうした連帯感は、信頼のこころへと

通じていく。

一つの碗や盃でいただくことが、日本人の性格と礼儀作法の関係を緊密にしたことは間違いない。

## 結婚

晩婚、非婚、少子化とセットにしていわれるような現代である。日本人の離婚《りこん》率も高まるばかりで、結婚は若い男女が希望とあこがれを持って夢見るものではなくなってきた、といわれる一方、結婚式に個性と自分たちらしさを求め、式場から招待状、引き出物まで究極のオリジナリティを追求するカップルもいる。

小笠原流の礼式が確立しつつあった中世の頃、武家の結婚は、双方がどこかに会場を設けて出会う「出会いの場」はなく、嫁側が里から婿方《むこがた》へ出向き、これを迎えて婿の家で夫婦固めの式が行われるものであった。輿《こし》に乗って嫁入りしたので「輿入り」と言われるようになったが、他国への嫁入りは一大行事で、伝書にも結婚にまつわる作法と所作について多くの紙面を割《さ》いている。

まず、輿を運ぶ道中では、

国を隔て他国には、その城近く大川あれば川を越えて渡すべし。輿請け渡しの後は、姫の親の侍小者も国へ戻るなり。

などとあって、輿が婿方の役人に請け渡された後は、供につけてきた女房や小者なども、わずかな人数のみを残して国許《くにもと》に返されることが書かれている。嫁にとって見知らぬ婿の許へ輿入れするのはどれだけ心細かったであろうか。

嫁入りは惣別《そうべつ》死にたるもののまねをするなり。輿も蔀《しとみ》よりよせ、白物を着せて出すなり。さて輿出で候えば門火《かどび》など焼く事肝要なり。ことごとく皆かえらぬ事を本《もと》とつかまつり候。

と言うように、嫁は自分の家族と縁を切った覚悟で嫁入りをしたのだった。それに対して、

嫁入りの夜、婿の方より迎え小袖《こそで》とて、小袖酒肴《しゅこう》を遣《つかわ》すものなり。同じく人によりて供の衆までも、小袖以下それぞれに随《したが》い、遣す事もあるなり。

と、婿側では嫁を迎えるこころ遣いとして、婿側の家紋をつけ、嫁に合わせて仕立てた小袖を贈った。これを迎え小袖という。この迎え小袖、嫁だけでなく、嫁の供女中にも贈られることがあった。さらに、

ただし略儀の時は心にまかすべし。たとえ略儀にても迎え小袖ばかりは遣し候てよき

なり。

が示すように、たとえ略儀であっても、嫁への迎え小袖は贈ったほうが良いとされるところに、嫁に対するいたわりと温かいこころが伝わってくる。これが当時の嫁にとって、どれだけ励みになったことであろうか。

さて、その後の結婚式が完了するまでの流れは、

＊嫁は到着後、化粧《けわい》の間に入り、化粧を直し、衣服を白の小袖に改める。

＊座敷では、初饗《ういきょう》の儀の後、嫁の持参した愛敬《あいぎょう》のお守りを床の間の柱に掛ける。

＊座敷には二重、手掛《てかけ》という祝いの盛り物、置鳥、置鯉、瓶子などが用意される。

＊ほかには雄蝶《おちょう》の提《ひさげ》、雌蝶《めちょう》の長柄《ながえ》が用意される。提と長柄は酒注ぎで、蝶は蚕《かいこ》と蛾《が》を意味する。雌雄の蝶が交わり、繭《まゆ》を作り、絹が生まれるという、生産・生命の維持の新家庭を象徴する。

＊次に三三九度の盃は、女から男、男から女、女から男という順で三献ずつ白土器《しろかわらけ》にて交わして合盃《あいさかずき》が完了する。このとき酒肴《しゅこう》として昆布《こんぶ》、勝栗《かちぐり》、熨斗鮑《のしあわび》など故事来歴《こじらいれき》のめでたいものを供する。

本式にはこの他に、うちみと呼ばれる魚の刺身、あつみという鯉の腸煎《わたいり》など、数種が供される。
ここまでが「陰の式」である。
盃事が嫁から始まるのは、『古事記《こじき》』にあるイザナギとイザナミが結婚する際に、イザナミ

から声をかけると丈夫な子が生まれず、イザナギから声をかけ直すと丈夫な子が生まれたという故事による。

伝書に、

飾り（置鳥、置鯉など）三日の朝まで置き、姫君色直しの祝あり。

とあるが、今のお色直しにあたる「陽の式」は「陰の式」の三日後に行われる。

＊盃を赤土器に改め、婿から飲み始める。

＊親子固めの盃、親類固めの盃などは、別々に席を改めて行う。

以上が結婚式についての簡単な流れである。

当時の武家社会の結婚式に当たる夫婦固めの盃は、ごく質素であった。嫁側、新郎側どちらの両親も出席する習慣はなく、他人の参列ももちろんない。二人の他には花嫁の介添《かいぞ》えをする女房一人と、酌係が二人のみで、新郎新婦は二人だけで将来を誓い合うと伝えられている。結婚式の元来の意義にのっとった、簡素でおごそかなものと言え、「婚姻《こんいん》は両性の合意のみによって成立する」という今の法律の考え方にも沿っているのではないだろうか。また宗教的観念がないので、自由でオリジナリティ豊かな結婚式を望む現代の若いカップルにも、大いに支持されそうな要素もあるだろう。

昨今は結婚式を挙げない人が増加の一途《いっと》をたどるばかりだが、それも少々寂しく思う。決して盛大でなくても、新郎新婦、互いへの思いやりと祝福して下さる方々の立場を重んじながら、周囲への感謝と暖かい温かいこころをこめた結婚式、結婚披露宴を行ってみてはいかがだろう。

## 葬儀

人はいつの日か亡くなる。これは全人類に共通、平等で、決して誰にも避けることはできない。いずれは必ず自分にも訪れる死というものを、古人は畏《おそ》れ、忌《い》んできた。

またその一方では、生命は親子という血のつながりによって永遠に受け継がれるとして、死への畏怖《いふ》を和《やわ》らげようとしたこともうかがえる。

奈良時代までは、今現実に生きている姿こそが生命の連続であって、親から子へと同一の生命が連綿と続き、決して終わることがないと考えられていた。

つまり、一人の人間の一生は、限りない生命の一節一節だということである。そのため、亡くなった人を弔《とむら》う、祀《まつ》るなどの意識が低かったとみえ、死後の穢《けが》れを祓《はら》って忌み期間を終えたら、死骸はなるべく遠くに置いて帰ってくるという程度の考えであった。

こうした考え方は、『古事記』の天若日子《あめわかひこ》の話に象徴される。彼の死後、親友だった阿遅志《あじし》貴高日子根《きたかひこね》の神が弔問《ちょうもん》に訪れた際のことである。阿遅志貴高日子根が天若日子に似ていたため、遺族は天若日子が生き返ったのかと思い、すがりつく。すると、彼は天若日子の親友だから弔問に来たのであって、なぜ自分をきたない死人と比べるのかと怒り、喪屋《もや》を剣で切り裂き、蹴飛ばすのである。

忌むべきものは死骸であって、死そのものではないという前向きな死の考え方があったと言えるのかもしれない。

仏教伝来の後は、死に対する考えも変わってくる。先祖の霊は、祖先として我々を見守ってくれるありがたいものだと信じられるようになった。

現代においては死は悲観するだけでなく、旅立ちとしてとらえるようになってきている。死者の生命は子孫に脈々と息づき、いつも見守っているという、日本人ならではの古代からの死生観を私たちも持っていたいものである。

最近では、遺言《ゆいごん》を残して、葬儀《そうぎ》、告別式《こくべつしき》をしないという人が増えてきた。これは、通夜《つや》や葬儀のために遺族や周囲の人々を煩《わずら》わせることのないようにという、死者の生前の思いやりでもあるのだろう。しかしながら、死者の遺言を忠実に守って葬儀を行わなかったために、親戚縁者から非難されるというようなトラブルも見られる。

こうして現代に生きる私たちは、死者を尊重しながらも自分の立場をよく認識し対応することが必要になったともいえる。

どのような場合においても故人、遺族、また周囲の人に失礼のない程度に振る舞えるよう、葬儀での最小限の心得を身につけていただきたい。

通夜は、知らせがあってからすぐに駆けつけることもあり、平服《へいふく》で良いとされる。その場合も、派手な色ではなく地味な色のもので、アクセサリーは外し、化粧も普段よりも抑えておく。あらかじめ日時がわかっている場合は、喪服《もふく》で良い。

最近、喪服について、黒色なら何でも良いという誤った受け取り方をされているようである。まず、素材は光沢のないもの、金ボタンのついていないもので、肌の露出の多いものなどは避けること。自分を飾ることを目的としないような装いが大切である。

また「この度はご愁傷様《しゅうしょうさま》でございます」と無理に形式的な挨拶をしても、こころを相手に伝えることは難しい。むしろ、「お察しいたします」の一言にこころをこめられることができればそのほうが良いのであって、無難にこなそうとする態度は相手にも伝わってしまう。

さて、焼香《しょうこう》の作法は、宗派の数だけあると言われている。回数も、香をおしいただく動作もまちまちだが、小笠原流の教えでは、
＊香包みを懐中《かいちゅう》しながら、仏前二メートルほどの位置で合掌礼。
＊香炉台の前に進み、香包みを取り出す。

＊右手で左の掌の上に広げ、香をつまみ、目の高さまで持ち上げ、念じて、香炉にたく。一回でもよし。

とすることが基本である。本来、香は紙に包んで持参するものであったが、現在ではその代わりに「香料」として現金を持参する。香炉台にはお参りの方のために香があらかじめ用意されている。焼香において重要なのは、香をおしいただくときの気持ちである。こころをこめて敬虔《けいけん》に死者を思い、偲《しの》び、祈ることである。

「一回でもよし」とするのは、真摯《しんし》な気持ちをこめて、一心不乱に祈る気持ちさえあれば、焼香の回数などは問題ではないということである。また焼香のやり方に上手下手のあるはずがない。しかし、自分の考え方を押し通そうとすることは礼を失しているので、その宗派に合わせるこころ遣いも時に必要である。

常に祖霊《それい》への畏敬《いけい》の念を持ち、年回忌《ねんかいき》にはなつかしく思い出すことも大切である。年回忌とは、年ごとに巡ってくる忌日《きにち》。死後満一年目を一周忌または一回忌と言い、満二年目を三周忌または三回忌と言う。その後は、七、十三、十七、二十三、二十七、三十三、五十、百回忌があり、年回忌の打ち切りは、全国的に三十三回忌または五十回忌とされている。

死霊は年数が経《た》つに従って「ご先祖様」「みたま様」と呼ばれ、祖霊となるわけである。日本固有の民間信仰に、仏教の極楽浄土信仰が混交《こんこう》されて、死霊が祖霊に変化していく一つの過程が年回忌と言えるのではないか。

「ご先祖様」や「みたま様」を、供花《くげ》や香で美しく清らかに荘厳《しょうごん》する、このこころを形式よりも重んじることが大切である。

第六章

# 年中行事と日本の文化

# 季節感を大切にする日本人

日本ほど四季の移り変わりがはっきりとしている国は、それほど多くはないだろう。日本文化の特徴は、自然そのものと対立するのではなく、自然を生活にうまく取り込んで共存しようとすることであった。

たとえば着物の単衣《ひとえ》、薄物、袷《あわせ》などの衣《ころも》替《が》えの習慣は、季節を少し先取りすることによって新しい季節の移り変わりを実感したものと思われる。

また、月見の席で主人のそば近く仕える者の心得として、伝書《でんしょ》には、

　主人月などご覧のとき、御灯火《ともしび》とあらば、月の光の失せぬように、あかしを少なくいたし、用捨《ようしゃ》して置くことなり。

とある。月の光の観賞の妨《さまた》げにならぬよう、明る過ぎる灯火は控えるようにということである。このように自然を愛《め》でるこころ遣いが、人の営みに様々な影響を与えている。

季節の風物の観賞には酒食がつきものである。

生死の狭間《はざま》に身を置いて戦乱の世に生きた武士は、その娯楽の種類も限られていたが、中でも田楽《でんがく》や猿楽《さるがく》見物は人気の高いものであった。そのような折りには食籠《じきろう》という、今で言う重箱《じゅうばこ》

のようなものを使い、特に透かし彫りの意匠を凝《こ》らした「透《す》き食籠」が好まれた。

すき食籠などを、芝居などへ出だし候時は、花などにて蓋《ふた》の上より飾りて出だし候いてもよきなり。撫子《なでしこ》、または石竹《せきちく》のたぐいなどを差して出して候なり。

このように食器の上に花などを飾る趣向《しゅこう》を、もてなしの演出と考えていることがわかる。公式の会食の席では、餅の飾りに松を立てた具足餅《ぐそくもち》や、三方《さんぼう》の上に小鳥や塩引きの鮭などの肴《さかな》をのせて出す手掛《てかけ》にも梅の枝を立てたりといった工夫があった。

また「酒席」の項でも触れたように、正式な饗応《きょうおう》になると、一献ごとに膳部が変わり、十九献などでは膳の数は三十を超える。そのような場合の料理の献立が、伝書に記されている。たとえば、次のようなものである。

＊橘焼　鯛の身をすり身にして、橘《たちばな》の実ほどの大きさに丸め、火にあぶって、橘の枝のところどころに実のようにつけたもの。

＊梅焼　鯛や鯉のすり身を梅の実のように丸め、青海苔《あおのり》で青梅のように色づけして、梅の枝につけたもの。

実際に食べたとしてもそれほど美味なものではないだろうが、季節の果実をかたどった調理法は、ほかにも数多くある。

日本の四季の移り変わりは、山野の色合いを一変させるほど際立っている。食膳にもこうした山野の色を季節に分けてあしらった料理が登場する。
たとえば、伝書に「三峯膳《さんぼうぜん》」という料理がある。椀《わん》に高く飯を盛り、季節を表す三種類の色の粉を振りかけたものである。三峯膳は飯ではなく、色染めの葛《くず》で作った餅菓子とする説もある。四季ならば四色で良さそうなものであるが、なぜ一色欠けるのか。

三峯膳のこと、土器《かわらけ》に盛るべし。四季をひとつ残して三季を盛るなり。色にて季の体を分別すべし。

とあり、四季のうちの一つを捨てて盛る。たとえば春は、

盛りよう。春の山は現在なり。青し。夏は未来なり。山の色、黄なり。冬は過去なり。山、白色なり。このときは秋を捨つるなり。

となる。つまり現在、過去、未来の三世三季を盛るのであり、関連の薄い秋の色を捨てるのである。色は春―青、夏―黄、冬―白としている。秋の膳では、

秋、現在なり。山の色、赤し。冬、未来。山の色、白なり。夏、過去。山の色、黄なり。このときは春を捨つるなり。

と、秋の色を赤として、このときには春を捨てるものとする。夏、冬も同じ要領で盛りつける。この季節の色感は的確で、しかも過去から未来への推移をうつす点は仏教的自然観などが感じられておもしろい。

このように季節感を尊ぶ感性は、初物《はつもの》や旬《しゅん》のものを尊ぶ気風を生み出した。

伝書にも、室町時代に小笠原家の祖先が在番で上京し、将軍に近侍《きんじ》していたときのこととして茄子《なす》の初物についてのエピソードがある。

当家在府の時分、ある方より茄子の初物を、数、十送りしを、即《すなわ》ち進上申されしとき、

七つ残し、三つ進上せしを……

と始まり、そばにいた者が、なぜ三個だけしか将軍のお目にかけなかったのかと尋ねたところ、

初物などを数多く進上しては、初物というしるしなし。

と答えたので、一同感嘆したということである。その当時は茄子そのものがめずらしい高価な野菜であり、量よりもめずらしさを、とその稀少《きしょう》価値を贈るこころ遣いに、日本的なこころ配りの一典型を見る思いがする。

また、器に食物を盛るときに下敷きに用いる「掻敷《かいしき》」。これは南天《なんてん》などの常磐木《ときわぎ》の葉や桃の花などを用いるが、伝書には、

草木の花、枝にてもかいしきにつかうときは、おくれたる花は不吉なり。これは皆死に花なり。時節に合いたる花はもちろんなり。時節よりも先へ先へとつかうなり。

菊の花、かいしきに忌むなり。秋の花なるゆえに惣《そう》じて菊の花をば嫌うなり。秋はて

るといいて、物ごとの末なり。祝言には、木の葉にては、楓《かえで》その外何木にても紅葉するをば用いず。色かわるというの儀なり。

と説いている。

このようなこころ遣いは、現代においても十分に応用できる。冷し物のこと。夏は瓜《うり》など、または何にても、錫《すず》の鉢あるいは茶碗の物などに水を入れて冷やし候いて出だすをいうなり。

などは現代の夏季における配慮そのものである。

このように季節感を取り入れることで、我々の生活はいちだんと豊かさを増すのではないだろうか。

## 正月と年賀

現在の日本の正月行事は西洋の暦《こよみ》によって行われているが、古来、日本にはさまざまな「正月」があった。

正月ということば自体は中国のものである。周の時代は十一月を正月と呼んだ。中国では王朝が変われば暦も変わったために、時代が下がって一月を正月と呼ぶようになった。

しかし、もとより日本にも正月に関する行事は存在した。

現在は小正月《こしょうがつ》と称する一月十五日を中心として、以前はさまざまな行事が行われていた。

それが唐《とう》代に定められた朔旦《さくたん》正月が輸入されて公式の行事に取り入れられると、だんだんと一月一日を元日とするように変化していった。このような経緯があったために日本の正月の概念は混乱したのであった。

正月朔日《さくじつ》を元三《がんさん》ということ。年の初め、月の初め、日の初め、かくのごときの儀をもって、三つの元というなり。

とあるように、「三が日」はもともと元日のことを指したことばとも言われている。

本来の正月は、年の初めに当たって歳神様《としがみ》を祀り、新たな年の豊作を祈るものであった。

農耕民族である日本人にとっては、秋の収穫期を終えて次の播種《はんしゅ》期に入る中間に、こうした行事を持つのは当然であろう。また、これは農民にとって代表的な休暇期間であった。

正月の期間は地方によっても異なるが、江戸時代のごく初期に編《あ》まれた伝書には、

五ケ日ということ。一日、二日、三日、七日、十五日なり。

とある。これは期間そのものを述べているのではない。正月三日までが行事の中心になること、七日は人日《じんじつ》、または七草《ななくさ》の節供《せっく》と言われ、一般に松の内が六日夜から七日朝までであることか

ら、一つの区切りとして考えられる。また十五日は日本古来の正月日であったことなどから考えても、合理的な区分法ではないだろうか。

年始回りに関しては、松の内までを基本として考える。

かたちは時代によって変遷《へんせん》するものではあるが、年始回りについても、正月休みの間に相手宅を訪れることがある場合は特に先方に合わせるこころ遣いが欠かせない。

さて、屠蘇《とそ》についてであるが、「蘇」の字は中国では悪鬼を表す。悪鬼を屠《ほふ》るというのが屠蘇の字義である。魏《ぎ》の名医、華陀《かだ》の処方とも伝えられる。伝書では、

この起こりは人皇《じんのう》五十二代嵯峨《さが》天皇、弘仁年中に始めらるる。一人これを飲みぬれば、一家に病《やまい》なし、一家これを飲みぬれば、一里に病なし。

として、昔はこの製法を典薬頭《てんやくのかみ》しか知らなかったが、ゆえあって小笠原家に伝えられたものとして調合が記されている。

また、伝書には、一日は「屠蘇散《とそさん》」、二日は「白散《びゃくさん》」、三日は「度障散《どしょうさん》」とそれぞれ呼び方も、調合も変えて飲むように説かれている。

正月の床飾りは脇床飾り、本床飾り、蓬莱《ほうらい》飾り、人日の飾り、と多様なのだが、その中でも最も簡素で、正月期間を通して飾ることのできるものは次の通りである。

正月の飾りには裏白《うらじろ》（葉の裏が白っぽいシダの一種）を敷きて、その上に餅ふたつ置きて、昆布、柑子《こうじ》、俵物《たわらもの》（わらで俵のかたちに作った飾り）を餅の上に置き、末広の扇子を紙に包み、水引《みずひき》にて中を結び、熨斗《のし》を添えて飾るなり。

昨今は屠蘇を飲んだり、おせち料理を食べる習慣が薄らいでいる。しかし家族や周囲の方々と互いの健康や幸せを願うことからも、こうした習慣を次世代へと受け継いでいただきたい。

## 季節の行事——五節供

現代にしっかりと根を下ろしている年中行事として、五節供《ごせっく》が挙げられよう。

ただし、雛《ひな》人形、鯉のぼり、七夕飾りは一般的だが、残りの二つの節供を知らない方が多いのではないだろうか。五節供はその名の通り、一月、三月、五月、七月、九月の年五回なのである。

五節供は中国で生まれた行事である。唐の時代（六一八〜九〇七）に定められ、日本に伝えられた。中国の暦で定められた「節」が、日本での「折目節目《おりめふしめ》」の概念と融合して、特定の年中行事となったものと考えられている。

節供は、季節の変わりめに不浄を清め、忌《い》み慎んで神を祀《まつ》る「節日《せちび》」のことを指した。このときに神に捧げる「供御《くご》」のことを「節供《せちく》」と言い、これが「節供《せっく》」になったと言う。『枕草子《まくらのそうし》』にも「もちがゆの節供まいる」とあり、節日に供える供物《くもつ》であったことがうかがえる。

農耕民族であった日本人の五穀豊穣《ごこくほうじょう》の祈りと、神への供物によって厄《やく》を祓《はら》う思想もあったのであろう。中国では三月三日や五月五日は忌むべき悪日とされていた。五月五日に生まれた孟嘗君《もうしょうくん》が忌まれたという記述もある。

この節には悪鬼が跳梁《ちょうりょう》し、災《わざわ》いをなすと考えられていた。このようなことから伝書にも、

五節供のこと。諸悪鬼の日なり。ゆえに祝いをなし、その厄をのがれるといえり。

とある。「厄をのがれる」とあるが、これは病気にならないようにという予防の意味とも考えられている。季節の変わり目は気候の変動の大きいことから病気になりやすいので、このよう

なかたちで健康管理をスケジュール化したものとも思われる。

小笠原流に伝わる伝書の記述においても、室町期、江戸初期、江戸中期のものでは、節供のとらえ方が異なっている。初めは諸悪鬼を祓い、五穀豊穣、健康長寿を祈っていたものが、しだいしだいに祝いの日として認識されるようになっているのだ。

もとは宮中で行われたものが、武家の行事になり、しだいに一般に浸透するに及んでこのようなかたちになったと考えられる。また、

五節供には当季の物をいずれも三方《さんぽう》に入れて出すなり。

と伝書にある。

元来の供御は、式正《しきしょう》の日の式三献《しきさんこん》（三三九度《さんさんくど》）の盃事《さかずきごと》の形式的な肴《さかな》、熨斗鮑《のしあわび》、昆布《こんぶ》、勝栗《かちぐり》などが盛られた膳であった。それが、神々に将来の幸せや武運を祈り、災厄を祓ってくれるように願うこころの表れとして、熨斗鮑を中心にそれぞれの儀式の意味を配慮していろいろな肴が選ばれるようになったのであろう。

◆一月七日　人日の節供（七草の節供）

この日を人日《じんじつ》と言い、七日正月《なのかしょうがつ》、若菜節《わかなせつ》とも言われ、古くから行事が行われてきた。江戸期に、五節供が正式に制定されるとその一つに加えられ、さらに盛んになった。仕事始めの日で

もある。人日のいわれは伝書には次のようにある。

正月七日節供始めとすること。一日鶏《とり》、二日狗《いぬ》、三日猪《いのしし》、四日羊《ひつじ》、五日牛《うし》、六馬《うま》、七日人、八日穀《こく》これなり。七日は人日として人の生《な》り初めつる日といえり。かようの道理により、節供の始めとするなり。

これは、漢の時代に発祥した考え方を日本に移入したものと思われる。「正月七日、人を占《うらな》う」というのは陰陽道《おんようどう》の考え方である。また、この日には人にさまざまな災厄が来る日とも言われていた。また七草《ななくさ》（種）の節供と言うように、この日に粥《かゆ》を食べる風習があるが、この粥は神に供える節《せち》であり、災厄を除こうとする祈りがこめられている。伝書には、

この日、七種の草を取り、粥にして喰えば諸病をのぞくといえり。また、高辛氏（中国の伝説上の皇帝）の娘、道にさまよい死にて悪鬼となり往来の人をなやます。彼、存日《ありしひ》に粥を好みたるゆえに粥を供するともいえり。

と、七草粥の起源を説いている。

七草の内訳について一般的には、「せり、なずな、ごぎょう、はこべら、ほとけのざ、すずな、すずしろ、これぞ七草」と言われる。伝書には、

せり、なずな、ごぎょう、たびらこ、ほとけのざ、すずな、すずしろ……

とある。「たびらこ」は「ほとけのざ」であるという記述が植物辞典に見えるため、アサガオやキキョウのように、この二つはそれぞれ現在のそれとは違う植物を表していた可能性もある。また、米や大豆《だいず》、小豆《あずき》といった穀物《こくもつ》を入れた粥であるという説もあり、若菜だけではなかったようだ。

江戸期はこの日が出仕始《しゅっし》めで、「節供のはじめとて出仕申さるる日なり」とあるように、この日に大名が揃って将軍に拝謁《はいえつ》し、七草粥の響応を受けて下城したと言う。

現代風に解釈すれば、正月期に栄養のあるものを食べ体力をつけた後、七草の入った解毒《げどく》作

用の強い薬草の粥を摂取することで、食べ過ぎや飲み過ぎなどによって酷使された胃腸をいたわり、農作業に備えた行事食と言えるであろう。

つまり正月の七草は、酒や保存食である煮物などを食べ続けて疲れた胃腸をいやすために、消化の良い粥を食べるという古人の知恵が現代まで脈々と受け継がれている行事食である。

スズナ、スズシロにはジアスターゼが含まれており、消化が促進される。ナズナは止血《しけつ》や肝臓病、高血圧に効《き》き、ハコベラは蛋白質《たんぱくしつ》が約二十四パーセントも含まれていると言われ痛み止めにも使われる。セリの鉄分は便通改善や利尿《りにょう》の作用があるといったように、七草の薬効は実際に認められている。

濃い緑色をした緑黄色野菜《りょくおうしょくやさい》には、生体内でビタミンAとして働くカロチン、ビタミン$B_1$・$B_2$、ビタミンC、ニコチン酸、カルシウム、鉄などが多く含まれている。これらビタミン、ミネラル類は体液の微妙なバランスを保つ働きを持っていて、いわば車の潤滑油《じゅんかつゆ》のようなもので、糖質、蛋白質、脂肪の代謝《たいしゃ》がスムーズにいくように働く。

このように七草粥は、お節《せち》料理が体内で吸収、処理されやすくするための潤滑油と言うこともできる。

## ◆三月三日　上巳の節供（桃の節供）

現在は「雛祭り《ひな》」として定着している上巳《じょうし》の節供は、別名を桃の節供、女の節供とも呼ばれている。字義通り、本来は陰暦《いんれき》の三月の最初の巳《み》の日を指していた。中国ではこの日を忌日《きにち》として水辺に出て禊《みそ》ぎを行い、酒を飲んで祓《はら》う習慣があったらしい。これがしだいに花見や山遊びなどの行楽と結びついていった。それが節日として三月三日に固定化したものである。

この日には曲がりくねった流れのほとりに座して、上流から流されてくる盃が自分の前を通り過ぎないうちに詩を詠《えい》じて興じ、その盃で酒を飲み、次へ流すという優雅な遊びもあった。これを「曲水の宴《きょくすい》」と呼んだが、これもまた中国から伝わったものである。

三月三日は上巳とも、曲水とも、仙源ともいうなり。日本には、人皇二十四代顕宗《けんぞう》天皇より始まるとなり。美国《びこく》(中国)にはこの日、水上に杯を浮かべ、わが前へ流れ来る間に詩をつくる。日本には巳の日の祓いといえり。初めて三月三日の宴をなす。時日、上の巳の日にあたれり。これによって上巳というなり。

と伝書にも述べられている。

このような禊ぎの思想が、日本古来の信仰である祓いの人形《ひとがた》と結びついて、雛の節供となっていった。

もともと雛は、形代《かたしろ》(神霊の代わり)として作った人形で、自分の身体を撫《な》でて、これを水に流して災厄をまぬがれるという性格の呪具《じゅぐ》であった。

このような性質が薄れ、人形が呪具ではなく飾りとして並べられるようになったのが、雛人形なのである。雛人形が三月三日と結びついたのはさほど古いことではなく、徳川将軍三代家光の頃とも、五代綱吉の頃とも言われているが、一説によれば、雛人形が飾られるようになったのは寛永雛からと言われる。当時の雛は等身大といった大きなものもあった。

その後、段飾りが登場し、享保雛が現れ、しだいに二段飾り、三段飾りとなって、江戸時代後期になると七段飾りという、豪華な飾り雛が作られるようになったといわれている。

江戸期における五節供の日は、上役に祝いを伝えに行く日であったため、大名は熨斗《のし》目長袴《ながばかま》で将軍に献上物を捧げ、菓子を賜った。大奥では雛を飾り、贈物としてサザエ、ハマグリ、蒸餅、白酒などが届けられた。ハマグリは同じ一対の貝殻同士でないと合わないということから、固い貞操の象徴とされ、婚礼道具にも貝合わせの入った貝桶《かいおけ》が必ず用意されたほどである。

三月三日は草餅がつきものだが、伝書には、

この日草餅を食うこと、美国にて周の幽王の時に始まるといえり。幽王曲水の宴をなしたもうとき、ある人草の餅を献ず。この味微妙なり、珍物なりとて宗廟《そうびょう》に献ずる。その後天下よく治まるといえり。

とある。日本でも古くから草餅が食べられてきた。餅の中に入れる草には古くから母子草《ハハコグサ》が用いられていたようだが、現在ではヨモギを用いる。

草餅以外では紅白緑の餅を三段重ねにして菱形にした菱餅もあり、この三色にもさまざまな説がある。

また、上巳の節供には桃の花もなくてはならないものであるが、室町時代より、白酒を「桃《とう》花酒《かしゅ》」と言って三月三日に飲む風習があった。伝書には、

同日、桃花を酒に入れて飲めば、百害を除き、顔色増すなりといえり。

とある。

三世紀の西晋《せいしん》の武帝の時代に、桃花の流れる川の水、桃花水を飲んだ人が三百歳の長命になったとする故事があった。その後に桃の花を浸した酒や、桃の葉を刻んで入れた酒のことを桃酒といい、これを飲んで邪気《じゃき》を祓い、延命《えんめい》を祈った。現代では清酒に桃の花を浮かべて飲めば、簡単に桃酒気分が味わえよう。

このように桃は邪気を祓う仙木《せんぼく》とされていた。鬼を退治するのが柿太郎でも柚《ゆず》太郎でもなく桃太郎なのは、このような素地があってのことなのかもしれない。桃の酒は血圧を整え強心健胃の作用を持つと言う。

上巳の節供の床飾りは、

> 三月三日には、えもぎ餅（ヨモギの草餅）の上に、桃の花を切りて、熨斗を添えて飾りてだすなり。

とされる。

### ◆五月五日　端午の節供（菖蒲の節供）

字義で言えば、月の最初の午《うま》の日を指し、菖蒲《しょうぶ》の節供、尚武《しょうぶ》の節供とも言う。

中国では五月は悪月《あくげつ》とされ、物忌《ものい》みの月とされた。日本においても五月忌みと言って、田の神を迎えるために、この時期には禁欲し、斎戒《さいかい》する習慣があった。端午《たんご》が五月五日になったのは上巳と同様の経緯からであろう。

この日、中国の古い風習では、野外で薬草を摘《つ》んだり、競艇《きょうてい》を行ったり、ヨモギで作った人形を門戸にかけた。また五色の糸を肘《ひじ》にかけ、菖蒲を浸した酒を飲むなど、災厄を防ぐための祓いの日であった。

また五月五日は、中国の憂国の詩人である屈原《くつげん》が投身自殺した日とも言われている。彼の霊を祀る日ともされ、粽《ちまき》を作って捧げる習慣もここから発したと言われる。

このような中国の行事が日本に入り、日本古来の行事と混交《こんこう》し、しだいに現在のような節供を形成していったものと考えられる。

伝書には、

この日、和朝には、天皇武徳殿に出御《しつぎょ》ありて、宴会あり、群臣に薬酒（菖蒲酒）を賜るとなり。人々皆あやめの蘰《かづら》をかく。また五色の糸を用い、ひじに掛くれば、悪鬼を除くともいえり。後に騎射《うまゆみ》ありしとなり。推古天皇の御宇《ぎょう》より始まるとなり、と申し給うという。

と説かれている。五色の糸とは薬玉《くすだま》のことである。中国で肘にかけて魔除《まよ》けの呪《まじな》いにしたものが、日本に伝わった。これは、香料を入れた絹袋に菖蒲などの薬草を添え、五色の糸をつけて垂らしたものである。

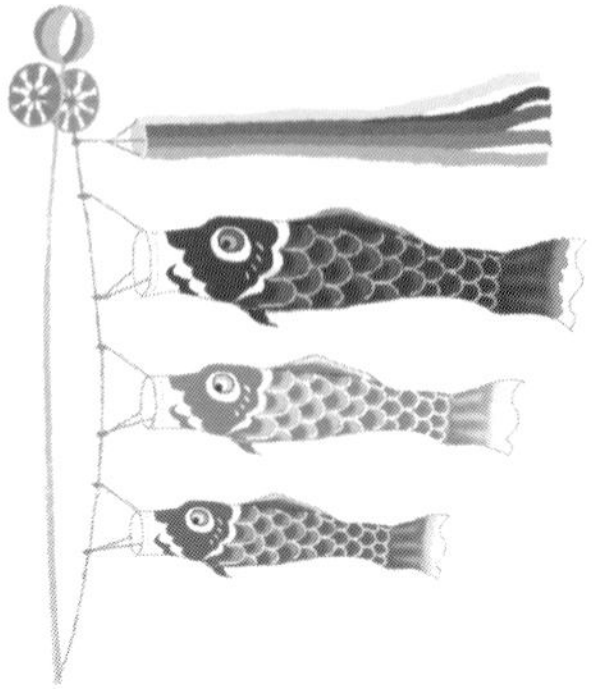

端午の節供と言えば、鯉のぼりを立てて鎧兜《よろいかぶと》や武者人形を飾り、粽や柏餅を食べて菖蒲湯に入る、ということになるであろう。また古くから、五色の糸で飾られた「薬玉」を九月まで柱に掛けておき、九月九日の重陽《ちょうよう》の節供に茱萸《しゅゆ》袋と交換する風習もある。中身は麝香《じゃこう》・沈香《じんこう》・丁字《ちょうじ》などの香料で、香りと五色とで邪気を祓うとされる。

この薬玉は後年、武家の威勢を表す陣中の吹き流しと合体して鯉のぼりになったともされている。鯉は古くから滝をのぼって龍になると信じられていた。

男子の出世を祈る気持ちの表れが、この鯉のぼりである。中国の黄河にはさまざまな魚がのぼってくるが、中流にある龍門では滝をのぼり切った鯉が龍になるという故事があり、ここから栄達《えいたつ》の糸口となる関門を「登龍門《とうりゅうもん》」という。「鯉の滝のぼり」として鯉は立身出世のシンボルとされた。

鯉のぼりを飾る順番は、一番上が吹き流し、二番目が真鯉《まごい》、三番目が緋鯉《ひごい》、四番目が子供の鯉となる。吹き流しは、赤・青・黄・白・黒の五色が木火土金水《もっかどごんすい》の五行《ごぎょう》を表し、邪気を祓う力を持ち、武士が戦場で用いていた旗の一種でもある。鯉をとって食べようとする龍は、この五色が苦手のために近づけないという。

前述の騎射は一時は途絶えた後、武家の手でよみがえり端午の流鏑馬《やぶさめ》などのもとになった。さらに凧揚《たこあ》げや兜《かぶと》飾り、武者人形などと相まって、ついに端午の節供は江戸期に男子の節供として定着することになる。

菖蒲とヨモギを屋根に乗せたり、門口に飾る習慣は、その強い臭いによって邪鬼を祓うためであった。また農家では害虫を祓う願いもこめて飾られ、現在にいたる。

端午の節供の床飾りだが、伝書には、
五月五日には、粽のうえに菖蒲を置き、熨斗を添えて出すなり。

とある。現在では紙で折った兜を添えて飾っても良い。

日本の粽は上新粉《じょうしんこ》と砂糖と水を混ぜてこねてから蒸《む》し、笹の葉で包んでさらに蒸したものが多い。

中国の粽は糯米《もちごめ》や粳米《うるちまい》の粉で作った大餅の中に、海老《えび》、棗《なつめ》、豚肉、蓮《はす》の実などを入れたものである。粽は、その昔に茅《ちがや》の葉で巻いたのでその名があると言われている。

紀元前二百七十八年五月五日、楚《そ》の国の現状を憂えた詩人の屈原が、汨羅《べきら》の淵に身を投げた。それにより楚の人々は、彼の命日に竹筒に米を詰めて汨羅に投げ入れ、霊をなぐさめていた。ところが三百年後、ある人の夢に屈原が現れて、ある頼み事をした。それは、せっかく投げ入れてくれる米は、汨羅に棲《す》む蛟龍《こうりょう》にみんな食べられてしまうので、蛟龍の恐れる楝《おうち》（栴檀《せんだん》の古名）の葉で包み、五色の糸でしばって欲しいというものだった。伝書にも、

> 美国にて、屈原汨羅に沈みて後、妻の夢に見ゆ。妻五色の糸をもって粽をして、江に投ずともいえり。

とある。これが現在ある粽の由来と言われている。

### ◆七月七日　七夕の節供

いわゆる「たなばた」は、七夕《しちせき》という行事であった。

陰暦の七月七日には、索餅《さくべい》を主上に献じた。索餅とは小麦と米の粉を練って紐状に細くしたものを縄のように綯《な》った菓子である。そのかたちから「むぎなわ」と呼ばれた。

これは中国の伝説からきている。

その昔、高辛氏の子が七月七日に亡くなって悪鬼となり、病が流行してしまった。その子は

生前に索餅を好んだので、その日に索餅を供えると病を避けることができると考えたことから、この行事が始められたとされる。この日に素麺《そうめん》を贈ったり、食べたりするのは、この索餅がもとであるといわれている。

いわゆる織姫彦星《おりひめひこぼし》の「織姫」は、日本の信仰にも存在していた。「棚機《たなばた》つ女《め》」がそれである。棚は機《はた》の構造が棚状であったことから言われる。「棚機つ女」とはこの夜、機屋に籠もり、機のそばで神の来臨を待つ乙女のことを指す。

翌朝になり神がお帰りになるとき、村人は禊ぎを行い、神にその汚れを持ち帰っていただくのである。このような信仰が織姫彦星伝説と結びつき、現在の「たなばた」を作り上げていった。

この日に笹竹を川や海に流す地方があるのも、七夕が祓いの日であることを表している。こ

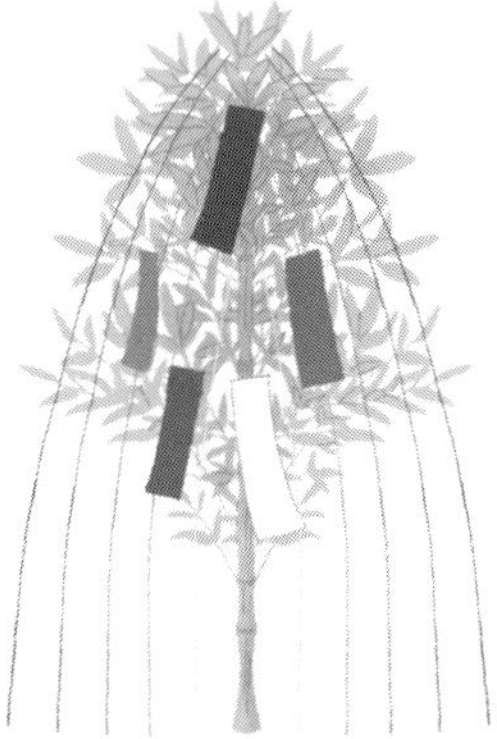

の夜に雨が降ると二人が逢えないというのも中国の考え方である。日本ではこの日は雨が降るほうが良いとする地方が少なくない。これも禊ぎの日であることを裏付けるものであろう。

七夕竹が一般化したのは、江戸末期のことである。これは宮中や幕府の七夕行事の影響が大きい。室町時代には将軍は七夕の歌七首を書いた梶《かじ》の葉を、それぞれ索餅や梶の皮で竹にくりつけ、それを後ろ向きで屋根の上に投げ上げた。また、江戸時代になると、庶民に手習いが普及したこともあって、現在のように短冊《たんざく》をつけた笹竹が一般的になっていったのである。

七夕には笹竹に願い事を書いた短冊を飾る。その際、七夕の前夜に硯《すずり》を洗って乾燥させておき、翌朝イモの葉についた朝露を集めてすった墨で短冊を書くと、字が上達すると言われている。また、たらいに水を張り、星をうつして、その星明かりで針に糸を通せたら裁縫が上手になる、というようなさまざまな言い伝えがある。

七夕の床飾りについては、

七月七日には、瓜のわきに干鮎を二つ腹を合わせて水引にて結び熨斗を添えて飾るなり。

とされている。

この他に、願い事を書いた短冊と、五色の糸を笹竹に掛けて飾るなど、アレンジしてみるのも楽しい。

## ◆九月九日　重陽の節供（菊の節供）

現在では馴染みが薄い節供といえば重陽《ちょうよう》の節供であろう。この日は高いところに登り、茱萸《しゅゆ》の枝を髪に差し、菊花を浮かべた酒を飲むと災いを避けることができると言う。上巳の節供は水による禊ぎに重点が置かれたが、重陽の節供は高所に登ることにその目的があったらしい。

端午の節供に柱に掛けた薬玉は、重陽の節供には茱萸袋と掛け替える。九月から翌年の五月まで柱に掛けて邪気を払い、寒を防ぐ呪《まじな》いである。

茱萸は大変香りが高い。これにより邪気や悪鬼を祓うと考えられた。

重陽の節供は、別名、菊の節供とも言う。

九月九日、重陽という。九は陽の極数なり。しからば九の字二つ重なりたるゆえに、重陽というなり。

とある。陽の数を奇数、陰の数を偶数とするが、陽の数のうち、最も大きな九が二つ重なるので重九《ちょうきゅう》とも重陽ともいい、めでたい日としたものである。

菊の節供とするのは、

この日、菊の酒（菊花を酒に浸したもの）を飲むことは、費長房《ひちょうぼう》（中国の方術《ほうじゅつ》の達人）、汝南（地名）の桓景《かんけい》に語っていわく、九月九日、汝《なんじ》が家に、災いあるべし。高山にのぼって菊酒を飲みたらんには災い消ゆといいければ、教えの如く山に入り、菊の酒を飲みければ、難なくして、（しかし）家内の畜獣皆死にたるといえり。これにより菊の酒を飲むと言えり。そのほか故事多し。

という伝説による。

日本でも平安時代に宮中において詩を詠じ、菊花酒が嗜《たしな》まれた。また、江戸時代に五節供の一つとして定められてからも、諸大名の大奥への献上品には菊花が入っていたようである。また農民の間では、この日を御九日（おくにち・おくんち）として、収穫祭として様々な行事を現在に伝える。また、時代が下がるにつれて菊花が独立して、菊見や菊人形など、菊を愛《め》でることが盛んになっている。

栗は旧暦のこの時期の収穫物であり、中国でも重陽に米の粉をこねた中に栗を刻み入れて粉餅にして、これを煮て食べる風習があるという。日本でも栗飯を食べる地方がある。

現存する日本の年中行事のほとんどは、子供の参加が大前提となっている。そのように考えると、この菊の行事は大人の行事という色合いが濃い。いわば大人が積極的に介入する余地が残されており、大人のための節供として再生が可能かもしれない。

床飾りについては、

九月九日には栗に菊の花を置き、熨斗を添えて飾りて出すなり。

とある。

それぞれの節供について、その起源や床飾りなどを説明してきた。日本人が季節感を生活の中に自然に取り込み、どれだけ四季の移り変わりを大切にしてきたかということを理解いただけたであろうか。

流されがちな日々の暮らしに、「折目節目」の考え方を呼び起こし、ゆとりある生活をこころがけてはいかがかと思う。

その最も身近なものこそが、この五節供なのである。

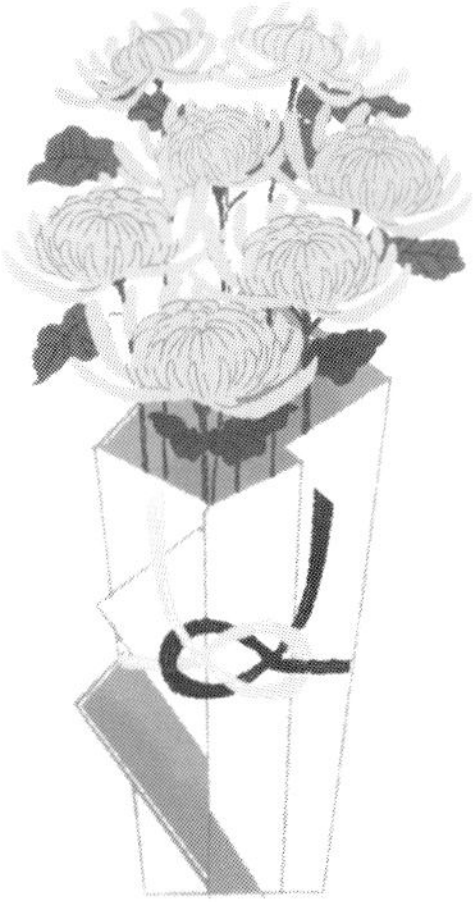

あとがき

先代、故小笠原忠統（小笠原惣領家第三十二世）は一子相伝の封印を解き、惣領家に伝わる古文書を柱として、生涯にわたり礼法の教授に努めました。その先代の教えを一人でも多くの方々にお伝えしたいと思いながら筆を執った私の初めての拙書が『美しいふるまい』でした。

それから約十八年の時が経ち、このたびリニューアルの機会を頂戴しました。価値観の多様化が叫ばれているなかで、日本人が本来持っているはずの相手を大切に思う「こころ」と、その「こころ」を作法という「かたち」になぞらえて表現することによって、古来のみならず現代生活における人間関係は円滑になるはずです。

また昨今、「おもてなし」ということばが頻繁に使われていますが、日本のもてなしは、決して目に見えるだけのものではありません。すべてを表現しないからこそ、目に立たずに相手にこころを届けられることもあるのです。

時、場所、状況に応じた的確な判断を基とし、自然で美しいふるまいを行うことは、生涯を終えるそのときまで、こころがけることが重要ではないかと思えてなりません。そのこころがけを実現させるには、基本となる作法と、その作法の背景にある理由をこころで理解することが欠かせないのです。本書がその一助となりましたら幸甚に存じます。

本書の出版にあたり、お世話になりました淡交社の方々、イラストレーターの黒川輝代子様、その他関係者の皆様におかれましては、深く感謝申しあげます。

読者の皆様がより豊かで素晴らしい日々をお健やかに過ごされますことをお祈りいたします。

平成二十九年九月吉日

小笠原敬承斎

小笠原敬承斎（おがさわら　けいしょうさい）
東京生まれ。先代宗家・小笠原惣領家第三十二世小笠原忠統の実姉（村雲御所瑞龍寺十二世門跡、小笠原日英尼公）の真孫。聖心女子学院卒業後、副宗家を経て平成八年に小笠原流礼法宗家に就任。現代生活に合わせた礼法の普及のため、各地で指導、講演等を行っている。主な著書に『誰も教えてくれない　男の礼儀作法』（光文社）、『伯爵家のしきたり』（幻冬舎）、『小笠原流礼法入門　見てまなぶ日本人のふるまい』（淡交社）などがある。
www.ogasawararyu-reihou.com/

◎本書は、一九九九年初版『小笠原流礼法入門　美しいふるまい』（小社刊）に加筆・修正を加えたものです。

小笠原流礼法入門
# 日本人のこころとかたち

二〇一七年九月二十三日　初版発行

著　者　小笠原敬承斎
発行者　納屋嘉人
発行所　株式会社 淡交社
本社　〒六〇三-八五八八 京都市北区堀川通鞍馬口上ル
営業　〇七五（四三二）五一五一
編集　〇七五（四三二）五一六一
支社　〒一六二-〇〇六一 東京都新宿区市谷柳町三九-一
営業　〇三（五二六九）七九四一
編集　〇三（五二六九）一六九一
www.tankosha.co.jp

印刷・製本　三晃印刷株式会社


ISBN978-4-473-04196-8
定価はカバーに表示してあります。